NOUVELLE THÉORIE

DES

ACCORDS

(Servant de base à l'Etude de l'Harmonie.)

PAR

M.me EMILE CHEVÉ.

Paris.

1844.

Lith. Decrier-Marin Pass. Dauphine. 7.

Introduction à l'étude de l'harmonie.

Théorie des accords

Ce que c'est qu'un accord — Si plusieurs personnes font entendre simultanément le même son ou plusieurs sons différents, et que l'effet produit soit agréable à l'oreille ; elles produisent ce que l'on nomme un **Accord**.

Sa définition. Un **Accord** est donc la production simultanée du même son ou de plusieurs sons différents, par plusieurs personnes, pour produire un effet agréable à l'oreille.

Les accords non modifiés se forment exclusivement par la superposition de tierces, à partir d'une note quelconque de la gamme majeure, ou de la gamme mineure.

Formation des Accords — Lors donc que l'on voudra former des **Accords** sur une note quelconque, on écrira au dessus de cette note : une, plusieurs, ou toutes les autres notes, en les superposant à intervalle de tierce en montant.

Exemples :

Echelle majeure							Echelle mineure						
6	7	1	2	3	4	5	4	5	6	7	1	2	3
4	5	6	7	1	2	3	2	3	4	5	6	7	1
2	3	4	5	6	7	1	7	1	2	3	4	5	6
7	1	2	3	4	5	6	5	6	7	1	2	3	4
5	6	7	1	2	3	4	3	4	5	6	7	1	2
3	4	5	6	7	1	2	1	2	3	4	5	6	7
1	2	3	4	5	6	7	6	7	1	2	3	4	5

On voit par ce tableau tous les accords se former par la simple superposition de tierces en montant ; de plus, la 8e note étant la répétition de la 1re, il ne peut y avoir que des accords de 7 notes au plus ; ce qui viendrait ensuite ne pouvant être que la répétition du commencement de l'accord.

Division et classification des accords.

Les accords peuvent se diviser en sept classes que voici :

1re Classe	2e Classe	3e Classe	4e Classe	5e Classe	6me Classe	7e Classe
Si plusieurs personnes chantent simultanément le même son elles produisent un accord	Si deux personnes chantent simultanément deux sons à intervalle de tierce elles produisent un accord	Si trois personnes chantent simultanément trois sons formant 2 tierces l'une sur l'autre on a un accord	Si quatre personnes chantent simultanément 4 sons formant 3 tierces l'une sur l'autre elles forment un accord	Si cinq personnes chantent simultanément 5 sons formant 4 tierces l'une sur l'autre elles produisent un accord	Si six personnes chantent simultanément 6 sons formant 5 tierces l'une sur l'autre elles produisent un accord	Si sept personnes chantent simultanément 7 sons formant 6 tierces l'une sur l'autre elles prodt un accord
De	De	De	De	De	De	De
unisson :	**tierce :**	**quinte :**	**septième**	**neuvième :**	**onzième :**	**treizième :**
Exemple :	Exemple :	Exemple :	Exemple :	Exemple :	Exemple :	Exemple :
						6 3e 4
					4 3e	3e
				2 3e	2 3e	2 3e
			7 3e	7 3e	7 3e 11e	7 13e 3e
		5 3e 5te	5 3e 7e	5 9e 3e	5 3e	5 3e
	3 3e	3 3e	3 3e	3 3e	3 3e	3 3e
1	1	1	1	1	1	1
unisson :	tierce :	quinte	septième	neuvième	onzième	treizième

Ainsi donc :

Des noms que l'on a donné aux Classes d'Accords

1°. La production simultanée d'un seul son par plusieurs personnes s'appelle . . . . *accord d'unisson* ;
parceque les voix se réunissent pour chanter le même son.

2°. La production simultanée de 2 sons à intervalle de tierce l'un sur l'autre s'appelle . . . . . *accord de tierce*,
à cause de l'intervalle de tierce qui sépare les deux sons.

3°. La production simultanée de deux tierces l'une sur l'autre s'appelle . . . . *accord de quinte*,
à cause de l'intervalle de quinte que forment la voix grave et la voix aiguë.

4°. La production simultanée de trois tierces l'une sur l'autre s'appelle . . . . *accord de septième*,
à cause de l'intervalle de septième que forment la voix grave et la voix aiguë.

5°. La production simultanée de quatre tierces l'une sur l'autre s'appelle . . . . *accord de neuvième*,
à cause de l'intervalle de neuvième que forment la voix grave et la voix aiguë.

6°. La production simultanée de cinq tierces l'une sur l'autre s'appelle . . . . *accord de onzième*
à cause de l'intervalle de onzième que forment la voix grave et la voix aiguë.

7°. La production simultanée de six tierces l'une sur l'autre s'appelle . . . . *accord de treizième*
à cause de l'intervalle de treizième que forment la voix grave et la voix aiguë.

On voit par les exemples ci-dessus que les accords tirent leurs noms du plus grand des intervalles qu'ils contiennent.

On peut remarquer aussi que

Chacun des accords de la

1ère Classe	contient	1	note
2me Classe	"	2	notes
3me Classe	"	3	notes
4me Classe	"	4	notes
5me Classe	"	5	notes
6me Classe	"	6	notes
7me Classe	"	7	notes

C'est à dire, que le nombre des notes contenues dans un accord indique le numéro de la classe à laquelle il appartient.

Du nombre d'accords de chaque classe contenus dans la gamme.

Chacune des notes de la gamme peut, comme l'ut, devenir la base de **sept accords différents**. Donc, puisque la gamme contient sept notes, elle contient sept accords de chaque classe.

Exemples:

1ère Classe.

Sept accords d'unisson.

1 2 3 4 5 6 7

2me Classe.

Sept accords de tierce.

3	4	5	6	7	1	2
1	2	3	4	5	6	7

3me Classe.

Sept accords de quinte.

5	6	7	1	2	3	4
3	4	5	6	7	1	2
1	2	3	4	5	6	7

4me Classe

Sept accords de septième.

7	1	2	3	4	5	6
5	6	7	1	2	3	4
3	4	5	6	7	1	2
1	2	3	4	5	6	7

5me Classe

Sept accord de neuvième.

2	3	4	5	6	7	1
7	1	2	3	4	5	6
5	6	7	1	2	3	4
3	4	5	6	7	1	2
1	2	3	4	5	6	7

6me Classe

Sept accords de onzième

4	5	6	7	1	2	3
2	3	4	5	6	7	1
7	1	2	3	4	5	6
5	6	7	1	2	3	4
3	4	5	6	7	1	2
1	2	3	4	5	6	7

7me Classe

Sept accords de treizième

6	7	1	2	3	4	5
4	5	6	7	1	2	3
2	3	4	5	6	7	1
7	1	2	3	4	5	6
5	6	7	1	2	3	4
3	4	5	6	7	1	2
1	2	3	4	5	6	7

Noms des notes considérées comme faisant partie d'un accord.

La première note, la note la plus grave d'un accord quelconque se nomme note fondamentale parcequ'elle est la base de l'accord;

La 2me note se nomme tierce à cause de l'intervalle de tierce qu'elle forme avec la note fondamentale.

La 3me note se nomme quinte à cause de l'intervalle de 5te [illegible] forme etc.

La 4me note	"	septième	7me
La 5me note	"	neuvième	9me
La 6me note	"	onzième	11me
La 7me note	"	treizième,	13me

Exemples : (1)

						treizième 6
					onzième 4	onzième 4
				neuvième 2	neuvième 2	neuvième 2
			septième 7	septième 7	septième 7	septième 7
		quinte 5	quinte 5	quinte 5	quinte 5	quinte 5
	tierce 3	tierce 3	tierce 3	tierce 3	tierce 3	tierce 3
note fondle 1	note fondle 1	note fonle 1	note fonle 1	note fondle 1	note fondle 1	note fondle 1

(1) Note. Pour plus de clarté, nous prendrons toujours ut pour [illegible] de nos accords parce qu'il [illegible]

t.s.v.p.

Noms de chacun des accords de chaque classe

Chacun des accords joint à son nom de classe le nom de propriété de sa note fondamentale.

Ainsi : les sept accords qui ont pour note fondamentable la tonique

S'appellent accords { d'unisson / de 3ce / de 5te / de 7me / de 9e / de 11me / de 13me } de tonique.

Les sept accords qui ont pour note fondamentale la sous médiante, joindront à leur nom de classe le nom de sous médiante, et de même pour toutes les autres propriétés.

Ainsi on dit, comme pour les accords qui ont pour base la tonique,

Accord . . . { d'unisson / de 3ce / de 5te / de 7me / de 9me / de 11me / de 13me } de { sous médiante. / médiante. / de sous dominante. / de dominante. / de sous sensible. / de sensible. }

---

mesure plus facilement et plus vite la distance de l'ut aux autres notes de la gamme, qu'il ne le ferait si l'on prenait 2. 4, etc ; mais il est bien entendu que tout ce qui se dit des accords ayant ut pour base doit s'entendre des accords ayant chacune des 6 autres notes pour bases.

Division des accords, de chacune des classes, en espèces différentes.

La connaissance des tierces majeures et des tierces mineures va nous servir à voir s'il existe des différences entre les accords de la même classe.

1re Classe. **Accords d'unisson**. Ils sont tous semblables puisqu'ils ne contiennent qu'un seul son. *Exemple*: 1 2 3 4 5 6 7.

2me Classe **Accords de 3ces** Ils ne sont pas tous semblables puisqu'il existe des tierces majeures et des tierces mineures. On peut les diviser en 2 espèces.

Exemple:

	1re Espèce				2me Espèce			
3ces majeures	6	3	7	3ces mineures	4	1	5	2
	4	1	5		2	6	3	7

3me Classe **Accords de 5tes**. Ils ne sont pas tous semblables parceque la nature des tierces et leur distribution ne sont pas les mêmes dans les 7 accords de 5tes on peut les diviser en 3 espèces.

Exemple: (1)

1re Espèce				2me Espèce				3me Espèce	
3ces mineures	1	5	2	3ces majeures	6	3	7	3ce mineure	4
	6	3	7		4	1	5	3ce mineure	2
3ces majeures	4	1	5	3ces mineures	2	6	3		7

Note. (1) Voici les noms que les harmonistes donnent aux accords de quinte.

1° Accords de la première espèce: **accords majeurs** parceque la 1re 3ce est maj.

2° Accords de la 2e espèce: **accords mineurs** parceque la 1re 3ce est mineure.

3° Accord de la 3e espèce **accord de quinte diminuée**; il est évident que ce dernier nom est complètement faux puisque la quinte 7 2 4 n'est nullement diminuée. Il vaut mieux, a dit Galin, appeler cet accord 7 2 4 accord neutre, puisqu'il n'est ni majeur ni mineur.

On pourrait encore l'appeler accord de quinte mineure.

4me Classe, *accords de septième*. Ils ne sont pas tous semblables parceque la nature des 3ces et leur distribution ne sont pas les mêmes dans les 7 accords de 7me. On peut les diviser en 4 espèces.

Exemple :

1re Espèce

3 7
3ces majeures
1 5
3ces mineures
6 3
3ces majeures
4 1

2me Espèce

4
3ce mineure
2
3ce mineure
7
3ce majeure
5

3me Espèce

3ces mineures
1 5 2
6 3 7
3ces majeures
4 1 5
3ces mineures
2 6 3

4me Espèce

6
3ce majeure
4
3ce mineure
2
3ce mineure
7

5me Classe, *accords de neuvième*. Ils ne sont pas tous semblables parce que la nature des 3ces et leur distribution ne sont pas les mêmes dans les 7 accords de neuvième on peut les diviser en 5 espèces

Exemple :

1re Espèce

3ces min.
5 2
3 7
3ces maj.
1 5
3ces min.
6 3
3ces maj.
4 1

2me Espèce

6
3ces maj.
4
3ces min.
2
3ce min.
7
3ce maj.
5

3me Espèce

3 7
3ces maj.
1 5
3ces min.
6 3
3ces maj.
4 1
3ces min.
2 6

4me Espèce

3ce mineure
4
3ce mineure
2
7
3ce majeure
5
mineure
3

5me Espèce

1
3ce mineure
6
3ce majeure
4
3ce mineure
2
3ce mineure
7

6me Classe, *accords de onzième*: Ils ne sont pas tous semblables parceque la nature et la distribution des tierces ne sont pas les mêmes dans les 7 accords de 11me. On peut les diviser en 6 espèces.

Exemple :

1re Espèce	2me Espèce	3me Espèce	4me Espèce	5me Espèce	6me Espèce
7	4	1	5 2	6	3
3ce majre	3ce minre	3ce minre	3ce minre	3ce majre	3ce majre
5	2	6	3 7	4	1
3ce mineure	3ce minre	3ce majre	3ce majre	3ce minre	3ce minre
3	7	4	1 5	2	6
3ce majre	3ce majre	3ce minre	3ce minre	3ce minre	3ce majre
1	5	2	6 3	7	4
3ce mineure	3ce minre	3ce minre	3ce majre	3ce majre	3ce mineure
6	3	7	4 1	5	2
3ce majeure	3ce majre	3ce majre	3ce minre	3ce minre	3ce mineure
4	1	5	2 6	3	7

7me Classe. accords de treizième Ils ne sont pas tous semblables parceque la nature et la distribution des tierces ne sont pas les mêmes dans les 7 accords de 13me on peut les diviser en 7 espèces

Exemple :

1re Espèce	2me Espèce	3me Espèce	4me Espèce	5me Espèce	6me Espèce	7me Espèce
2	6	3	7	4	1	5
3ce minre	3ce majre	3ce majre	3ce maj.	3ce min.	3ce minre	3ce minre
7	4	1	5	2	6	3
3ce majre	3ce minre	3ce minre	3ce min.	3ce min.	3ce maj.	3ce maj.
5	2	6	3	7	4	1
3ce minre	3ce minre	3ce majre	3ce maj.	3ce maj.	3ce minre	3ce minre
3	7	4	1	5	2	6
3ce majre	3ce majre	3ce minre	3ce minre	3ce minre	3ce minre	3ce maj
1	5	2	6	3	7	4
3ce minre	3ce minre	3ce minre	3ce maj.	3ce maj.	3ce majre	3ce minre
6	3	7	4	1	5	2
3ce majre	3ce majre	3ce majre	3ce min.	3ce minre	3ce minre	3ce minre
4	1	5	2	6	3	7

1re Observation très importante comme moyen de se rappeler combien il y a d'espèces d'accords dans chacune des sept classes.

On peut remarquer que le N° d'une classe quelconque donne le nombre d'espèces qu'elle contient.

Exemple :

Ainsi, on peut remarquer qu'il y a
- dans la 1re classe une seule espèce
- dans la 2me classe 2 espèces,
- dans la 3me classe 3 espèces,
- dans la 4me classe 4 espèces,
- dans la 5me classe 5 espèces
- dans la 6me classe 6 espèces
- dans la 7me classe 7 espèces

Vérifiez au moyen des exemples ci-avant.

2me Observation très importante comme moyen de retrouver au besoin, dans l'ordre où nous les avons placés ; les différentes espèces de chaque classe. On peut remarquer que les notes fondamentales des 7 accords de chacune des 7 classes se succèdent à partir de la sous dominante, dans l'ordre suivant : 4 1 5 2 6 3 7, c'est-à-dire, de 5te en 5te en montant, ou de 4te en 4te en descendant.

Vérifiez au moyen des exemples ci dessus.

C'est uniquement pour rendre plus facile la comparaison des accords entr'eux que nous les avons placés dans l'ordre où ils se trouvent ; car, il serait, selon nous ; tout à fait indifférent de changer le N° d'ordre de chacune des espèces ; nous avons rapproché celles qui offraient le plus d'analogie.

Des accords contenus dans la gamme mineure

La gamme mineure comme la gamme majeure contient 7 classes d'accords.

Exemple :

1re Classe	2me Classe	3me Classe	4me Classe	5me Classe	6me Classe	7me Classe
						3ce 4
					3ce 2	3ce 2
				3ce 7	3ce 7	3ce 7
			3ce 5	3ce 5	3ce 5	3ce 5
		3ce 3	3ce 3	3ce 3	3ce 3	3ce 3
	3ce 1	3ce 1	3ce 1	3ce 1	3ce 1	3ce 1
Unisson 6	6	6	6	6	6	6
		5te	7me	9me	11me	13me

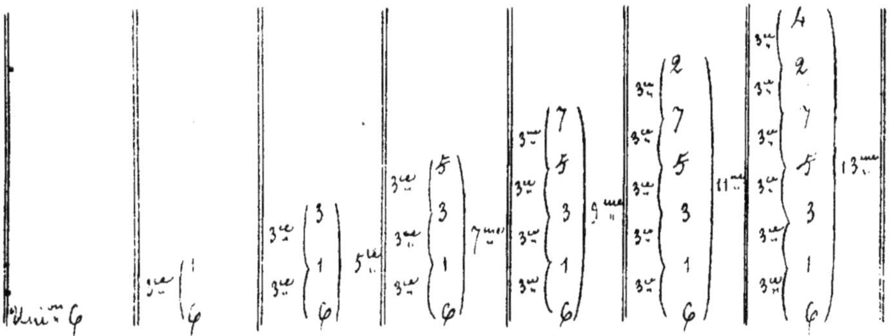

Chacune des notes de la gamme mineure peut, comme le la, devenir la base de sept accords différents.

Exemple :

1re Classe — 7 accord d'unisson

6 7 1 2 3 4 5

2me Classe — 7 accord de 3ce

1 2 3 4 5 6 7
6 7 1 2 3 4 5

3me Classe — 7 accord de 5te

3 4 5 6 7 1 2
1 2 3 4 5 6 7
6 7 1 2 3 4 5

4me Classe — 7 accord de 7me

5 6 7 1 2 3 4
3 4 5 6 7 1 2
1 2 3 4 5 6 7
6 7 1 2 3 4 5

5e Classe — 7 accord de 9me

7 1 2 3 4 5 6
5 6 7 1 2 3 4
3 4 5 6 7 1 2
1 2 3 4 5 6 7
6 7 1 2 3 4 5

6me Classe — 7 accord de 11me

2 3 4 5 6 7 1
7 1 2 3 4 5 6
5 6 7 1 2 3 4
3 4 5 6 7 1 2
1 2 3 4 5 6 7
6 7 1 2 3 4 5

7me Classe — 7 accord de 13me

4 5 6 7 1 2 3
2 3 4 5 6 7 1
7 1 2 3 4 5 6
5 6 7 1 2 3 4
3 4 5 6 7 1 2
1 2 3 4 5 6 7
6 7 1 2 3 4 5

Noms des accords de chacune des classes contenus dans gamme min^{re}

Les accords de la gamme mineure, comme ceux de la gamme majeure, joignent à leur nom de classe le nom de propriété de leur note fondamentale. (Voir pour éviter une répétition inutile, ce qui regarde le nom des accords de chacune des 7 classes (gamme majeure) page 6.

Division des accords de chacune des 7 classes de la gamme min^{re} en espèces différentes

La connaissance des 3^{ces} majeures et des 3^{ces} mineures va nous servir encore à voir s'il éxiste des différences entre les accords de la même classe.

1re Classe, accords d'unisson: Ils sont tous semblables puisqu'ils ne contiennent qu'un seul son.

Exemple:

‖ 6 7 1 2 3 4 5 ‖

2me Classe, accords de 3^{ces}: Ils ne sont pas tous semblables puisque la gamme mineure contient, comme la gamme majeure, des 3^{ces} majeures et des tierces mineures, on peut donc les diviser en 2 espèces.

Exemple:

1re Espèce					2me Espèce			
3^{ces} majeures	6	3	5	3^{ces} min^{res}	4	1	2	7
	4	1	3		2	6	7	5

3me Classe, accords de 5tes: Ils ne sont pas tous semblables parceque la nature des 3^{ces} et leur distribution ne sont pas les mêmes dans les 7 accords de 5te de la gamme mineure; on peut les diviser en 4 espèces.

Exemple :

1re Espèce (1)		2me Espèce			3me Espèce			4me Espèce		
	5									
3ces majres		3ces minres	1	7		6	3			
	3		6	5	3ces majres			3ces minres	4	2
3ces majres		3ces majres			3ces minres	4	1	3ces minres	2	7
	1		4	3		2	6		7	5

4me Classe, accords de septième. Ils ne sont pas tous sembla=bles, parceque la nature des 3ces et leur distribution ne sont pas ne sont les mêmes dans les 7 accords de 7me de la gamme (mineure, on peut les diviser en 7 espèces.

Exemple :

1re Espèce		2me Espèce		3me Espèce		4me Espèce		5me Espèce		6me Espèce		7me Espèce	
3ce min.	7		3						5				
	5	3ce maj.		3ce min.	2	3ce min.	1	3ce maj.			6		
3ce maj.		3ce min.	1	3ce min.	7		6		3	3ce maj.		3ce min.	4
	3		6		5	3ce maj.		3ce maj.		3ce min.	4	3ce min.	2
3ce maj.		3ce maj.		3ce maj.		3ce min.	4	3ce min.	1	3ce min.	2	3ce min.	7
	1		4		3		2		6		7		5

5me Classe, accords de neuvième : Ils ne sont pas tous sembla=bles parceque la nature des tierces et leur distribution ne sont pas les mêmes dans les ~~se~~ sept accords de neuvième ; on peut les divi=ser en 7 espèces.

---

(1) Note. Les musiciens appellent cet accord, accord de quinte augtée

Exemple :

1re Espèce	2me Espèce	3me Espèce	4me Espèce	5me Espèce	6me Espèce	7me Espèce
2	5	4	3	7	1	6
3ce min.	3ce maj.	3ce min.	3ce maj.	3ce min.	3ce min.	3ce maj.
7	3	2	1	5	6	4
3ce min.	3ce maj.	3ce min.	3ce min.	3ce maj.	3ce maj.	3ce min.
5	1	7	6	3	4	2
3ce maj.	3ce min.	3ce min.	3ce maj.	3ce maj.	3ce min.	3ce min.
3	6	5	4	1	2	7
3ce maj.	3ce maj.	3ce maj.	3ce min.	3ce min.	3ce min.	3ce min.
1	4	3	2	6	7	5

6me Classe accords de 11me : Ils ne sont pas tous semblables parce que la nature des 3ces et leur distribution ne sont pas les mêmes dans les 7 accords de 11me, on peut les diviser en 7 espèces.

Exemple :

1re Espèce	2me Espèce	3me Espèce	4me Espèce	5me Espèce	6me Espèce	7me Espèce
4	7	6	4	2	3	1
3ce min.	3ce min.	3ce maj.	3ce maj.	3ce min.	3ce maj.	3ce min.
2	5	4	3	7	1	6
3ce min.	3ce maj.	3ce min.	3ce maj.	3ce min.	3ce min.	3ce maj.
7	3	2	1	5	6	4
3ce min.	3ce maj.	3ce min.	3ce min.	3ce maj.	3ce maj.	3ce min.
5	1	7	6	3	4	2
3ce maj.	3ce min.	3ce min.	3ce maj.	3ce maj.	3ce min.	3ce min.
3	6	5	4	1	2	7
3ce maj.	3ce maj.	3ce maj.	3ce min.	3ce min.	3ce min.	3ce min.
1	4	3	2	6	7	5

7me Classe accords de 13me : Ils ne sont pas tous semblables parce que la nature des tierces et leur disposition ne sont pas les mêmes dans les 7 accords de 13me ; on peut les diviser en sept espèces.

Exemple :

1re espèce	2me espèce	3me espèce	4me espèce	5me espèce	6me espèce	7me espèce
6	2	1	7	4	5	3
3ce maj.	3ce min	3ce min	3ce min	3ce min	3ce maj.	3ce maj
4	7	6	5	2	3	1
3ce min	3ce min	3ce maj	3ce maj	3ce min	3ce maj	3ce min
2	5	4	3	7	1	6
3ce min	3ce maj	3ce min	3ce maj	3ce min.	3ce min	3ce maj
7	3	2	1	5	6	4
3ce min	3ce maj	3ce min	3ce min	3ce maj.	3ce maj	3ce min
5	1	7	6	3	4	2
3ce maj	3ce min	3ce min.	3ce maj	3ce maj	3ce min	3ce min
3	6	5	4	1	2	7
3ce maj	3ce maj	3ce maj	3ce min	3ce min	3ce min	3ce min
1	4	3	2	6	7	5

Nous répétons encore que c'est uniquement pour rendre plus facile la comparaison des accords entr'eux que nous les avons placés dans l'ordre où ils se trouvent ; nous n'y tenons pas autrement ; car il serait, selon nous, tout-à-fait indifférent de changer le numéro d'ordre de chacune des espèces.

. Remarque pour faire retenir plus facilement le nombre d'espèces contenues dans chaque classe.

Il y a	1 espèce	d'accords	d'unisson
	2 "	"	de 3ce
	4 "	"	de 5te
	7 "	"	de 7me
	7 "	"	de 9me
	7 "	"	de 11me
	7 "	"	de 13me

C'est-à-dire, qu'il y a 7 espèces d'accords dans chaque classe, excepté dans la 1re qui n'en a qu'une, dans la 2me qui n'en a que 2 et dans la 3me qui n'en a que 4.

Tableau général de toutes les espèces d'accords contenues dans les gammes de { ut mode majeur. / la mode mineur.

Accords propres au mode majeur seul	Accords communs aux 2 modes	Accords propres au mode mineur seul.
	1re classe accords d'unisson 1 seule espèce 1 2 3 4 5 5̶ 6 7	
	2me classe, accords de 3ce 2 espèces (6 3 7 5 / 4 1 5 3) (4 1 5 2 7 / 2 6 3 7 5)	
	3me classe, accord de 5te 3 espèces. (1 5 2 7 / 6 3 7 5 / 4 1 5 3) (6 3 7 / 4 1 5 / 2 6 3) (4 2 / 2 7 / 7 5)	1 espèce (5 / 3 / 1)
	4me classe, accord de 7me 4 espèces (3 7 / 1 5 / 6 3 / 4 1) (4 2 / 2 7 / 7 5 / 5 3) (1 5 2 / 6 3 7 / 4 1 5 / 2 6 3) (6 / 4 / 2 / 7)	3 espèces (5 / 3 / 1 / 6) (7 / 5 / 3 / 1) (4 / 2 / 7 / 5)

5me Classe, accords de 9me

3 espèces

(5 3 1 6 4 | 2 7 5 3 1) (6 4 2 7 5) (4 2 7 5 3)

2 espèces

(3 1 6 4 2 | 7 5 3 1 6) (1 6 4 2 7)

5 espèces

(5 3 1 6 4) (2 7 5 3 1) (4 2 7 5 3) (7 5 3 1 6) (6 4 2 7 5)

5 espèces

(7 5 3 1 6 4) (4 2 7 5 3 1) (1 6 4 2 7 5) (5 3 1 6 4 2 | 2 7 5 3 1 6) (6 4 2 7 5 3)

6me classe accords de 11me

1 espèce

(3 1 6 4 2 7)

6 espèces.

(4 2 7 5 3 1) (7 5 3 1 6 4) (6 4 2 7 5 3) (5 3 1 6 4 2) (2 7 5 3 1 6) (1 6 4 2 7 5)

7me classe accords de 13me

7 espèces

(2 7 5 3 1 6 4) (6 4 2 7 5 3 1) (3 1 6 4 2 7 5) (7 5 3 1 6 4 2) (4 2 7 5 3 1 6) (1 6 4 2 7 5 3) (5 3 1 6 4 2 7)

7 espèces.

(6 4 2 7 5 3 1) (2 7 5 3 1 6 4) (1 6 4 2 7 5 3) (7 5 3 1 6 4 2) (4 2 7 5 3 1 6) (5 3 1 6 4 2 7) (3 1 6 4 2 7 5)

Nous voyons par le tableau ci-contre que les deux gammes ensemble contiennent 50 espèces d'accords; de ces 50 espèces d'accords

15 espèces appartiennent au mode majeur seul	13 espèces sont communes aux 2 modes	22 espèces appartiennent au mode mineur seul
Vérifiez	Vérifiez	Vérifiez.

Il est facile de reconnaître entre les accords de la même espèce

Ceux qui appartiennent { exclusivement à la gamme majeure. / aux deux gammes / exclusivement à la gamme mineure.

En voici le moyen :

Les accords appartiennent { à la gamme majeure lorsqu'ils contiennent la dom^te non altérée / aux deux gammes lorsqu'ils ne contiennent pas la dom^te " / à la gamme mineure lorsqu'ils contiennent la dom^te altérée

Des différentes modifications que l'on peut faire subir aux accords.

Si on employait toujours les accords tels que nous venons de les montrer, l'on serait maintenant capable de faire l'analyse des différents accords employés dans un morceau d'harmonie quelconque; mais il n'en est pas ainsi on fait presque toujours subir aux accords des altérations qui les rendent méconnaissables aux yeux de ceux qui ne connaissent pas les différentes modifications auxquelles ils sont sujets.

Les modifications, que l'on fait subir aux accords, sont au nombre de trois ce sont :

1° La suppression de l'une, de plusieurs, ou de toutes les notes intermédiaires d'un accord quelconque.

2° La répétition dans le même accord, d'une ou de plusieurs notes à l'unisson ou à l'octave;

3° Le changement dans l'ordre des notes d'un accord quelconque.

1re modification.

Suppression { de l'un des sons / de plusieurs des sons / de tous les sons } intermédiaires d'un accord quelconque.

Les deux notes principales d'un accord, celles qui le caractérisent, sont : la note fondamentale et la note aiguë. Dans tous les accords, à partir de la quinte inclusivement, les deux notes caractéristiques sont séparées par une, deux, trois, quatre ou cinq voies intermédiaires.

Exemple :

Accord de 5te	Accord de 7me	Accord de 9me	Accord de 11me	Accord de 13me
1 note interm.re — 5, 3, 1 (Notes caractéristiques)	2 notes interm.res — 7, 5, 3, 1 (Notes caractéristiques)	3 notes interm.res — 2, 7, 5, 3, 1 (notes caractéristiques)	4 notes interm.res — 4, 2, 7, 5, 3, 1 (notes caractéristiques)	5 notes interm.res — 6, 4, 2, 7, 5, 3, 1 (Notes caractéristiques)

Dans la pratique de l'harmonie on peut retrancher { l'une des / plusieurs des / toutes les } notes intermédres

De plus, lorsqu'on retranche toutes les notes intermédiaires d'un accord dont l'intervalle caractéristique est un intervalle redoublé, on rapproche presque toujours, la voix aiguë de la voix grave en abaissant le son aigu de l'intervalle caractéristique, à la série inférieure ; c'est-à dire en l'abaissant d'une 8ve pour rapprocher les deux voix, afin qu'elles se marient mieux.

Donc, lorsqu'on supprime tous les sons intermédiaires d'un accord :

- de 13me il devient = ordinairement } accord de 6te exemple : 13 devient 16 (treizième, sixte)
- de 11me il devient ordinairement } accord de 4te exemple : 14 devient 14 (onzième, quar[te])
- de 9me il devient ordinairement } accord de 2de exemple 12 devient 12 (neuvième, secon[de])

2me modification.

Répétition, dans le même accord, d'une ou plusieurs notes { à l'unisson / ou / à l'octave.

Dans un accord quelconque, l'on peut doubler, c'est-à-dire répéter, à l'unisson ou à l'8ve un ou plusieurs des sons qui le composent.

(1) Un accord quelconque peut subir {
- l'une des trois modifications seulement.
- deux des trois modifications à la fois.
- les trois modifications à la fois.

3me modification.

Changement dans l'ordre des sons d'un accord quelconque.

Les accords que nous connaissons, les seuls qui puissent exister, ne peuvent contenir que des intervalles impairs, puisqu'ils résultent de la superposition de tierces, l'unisson excepté.

(1) Ce petit paragraphe doit être lu après la 9me ligne de la page 9

Exemple :

Accord de 1 note	Accord de 2 notes	Accord de 3 notes	Accord de 4 notes	Accord de 5 notes	Accord de 6 notes	Accord de 7 notes
						6
					4	4
				2	2	2
			7	7	7	7
		5	5	5	5	5
	3	3	3	3	3	3
unisson 1	1	1	1	1	1	1
unisson	3ce	5te	7me	9me	11me	13me

Comment se fait il donc que l'on trouve souvent dans les différents accords qui composent un morceau d'harmonie, des intervalles pairs ?

Cela vient de ce qu'on peut sans changer la nature d'un accord :
- Elever à la série ou 8ve supérieure le son aigu des intervalles simples qu'il contient.
- Abaisser à la série ou 8ve inférieure le son aigu des intervalles redoublés qu'il contient.

or, nous savons que

l'unisson élevé à la série supérieure devient...	8ve ou.	1 1 unisson	1 1 8ve
la 3ce	10me...	1 3 3ce	1 3 10e
la 5te	12me...	1 5 5te	1 5 12e
la 7me	14me...	1 7 7me	1 7 14e
la 9me abaissé à la série inférieure devient	2de...	1 2 9me	1 2 2de
la 11me	4te...	1 4 11me	1 4 4te
la 13me	6te...	1 6 13me	1 6 6te

Voilà comment sans changer la nature des accords on y introduit des intervalles pairs. Donc dans l'analyse d'un morceau d'harmonie,

Tout intervalle pair :
- simple doit être considéré comme dérivant d'un intervalle impair redoublé dont le son aigu est abaissé à la série inférieure
- redoublé doit être considéré comme dérivant d'un intervalle impair simple dont le son aigu est élevé à la série supérieure

Ainsi dans un accord quelconque

La 2de doit être considérée = comme une	9me	c'est-à-dire comme l'intervalle impair redoublé	dont le son aigu est baissé à la série inférieure
La 4te	11me		
La 6te	13me		
La 8me	unisson	c'est-à-dire, comme un intervalle impair simple	dont le son aigu est élevé à la série supérieure
La 10me	3ce		
La 12me	5te		
La 14me	7me		

Cette troisième modification permet, comme on le voit, de changer l'ordre des sons dans les accords.

Si l'on a bien compris ce qui précède, on est maintenant en état de dire à quelle classe appartient chacun des accords d'un morceau d'harmonie, quel que soit le nombre des parties qu'il contient.

Il ne faut pour cela que reconnaître quel est le plus grand des intervalles impairs que contient chacun des accords ; car un accord est caractérisé par le plus grand des intervalles impairs qu'il contient, ou par l'intervalle pair qui lui correspond.

Voici, je crois, comment on doit s'y prendre pour faire l'analyse d'un accord quelconque :

1° Il faut voir quelle est la propriété de la note fondle } de l'accord que l'on veut analyser.
2° Il faut voir aussi quel est l'intervalle caractéristique }

parceque ce n'est qu'à l'aide de ces deux particularités que l'on peut donner à un accord le nom qui lui convient.

3° Il faut, lorsque l'on sait quel nom doit porter l'accord que l'on analyse,

voir s'il a subi { l'une des / deux des / les } 3 modifications suivantes :

1re modon Suppression { de l'une des / de plusieurs des / de toutes les } notes intermédiaires de l'accord.

2me modifon répétition { de l'une / ou / de plusieurs } des notes de l'accord.

3me modifon changement d'ordre { de l'une / ou / de plusieurs } des notes de l'accord.

Questions à s'adresser pour faire l'analyse.

1re Question : quel est le nom de propriété de cet accord ?

2me " de quelle classe est-il ? c'est-à-dire, quel est l'intervalle qui le caractérise ?

3me " a-t-il subi la 1re modification ? (Suppression.)

4me " a-t-il subi la 2me modification ? (Répétition.)

5me " a-t-il subi la 3me modification ? (Changet d'ordre)

application des principes précédents

Analyse d'un Chœur de Handel, (ton de ré, 84 unités par minute.)

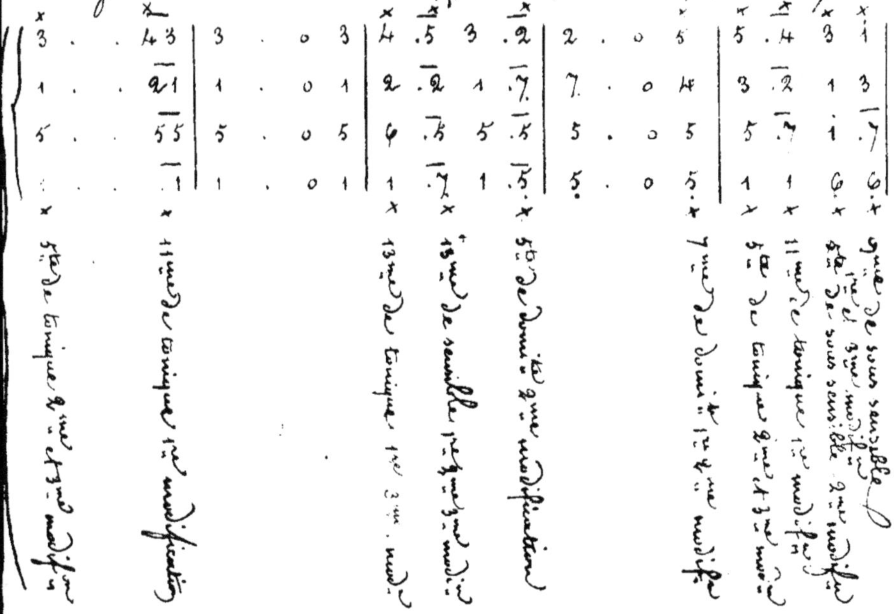

3	.	.	4 3	3	.	o	3	4	.5	3	.2	2	.	o	5	5	.4	3	1
1	.	.	2 1	1	.	o	1	2	.2	1	.7	7	.	o	4	3	.2	1	3
5	.	.	5 5	5	.	o	5	6	.5	5	.5	5	.	o	5	5	.7	1	.7
[illegible]	.	.	.1	1	.	o	1	1	.7	1	.5	5	.	o	5	1	1	6	6
5te de tonique 2me et 3me modifon			11me de tonique 1re modification					13me de tonique 1re 3me modon	13me de sensible 1re 2me 3me modon		5te de domte 2me modification				7me de domte 1re 2me modifon	5te de tonique 2me et 3me modon	11me de tonique 1re modifon	5te 1re et 3me modifon 5te de sous sensible 2me modifon	9me de sous sensible

Accord	Désignation
43 7.1 55 21	
5 1 5 3	
66 11 44 44	
3 1 5 1	
+4.3 7. 5 2.1 ×	13me de sous médiante 1re et 3me modif.on
+5 1 5 3 ×	13me de médiante 1re et 2me modif.on
+6 1 4 4 +	5te de sous dominante 2me et 3me mod.n
+3 1 5 5 +	13me de dominante 1re et 2me mod.n
+4 7. 5 5 +	7me de dominante 1re et 2me mod.n
. . . .	
. . . .	
2 7. 5 5	
. . . .	
3 1 5 1	
+.3 .7. .5 .1 +	7me de tonique 3me modif.on
+4 1 4 2 +	7me de sous médiante 1re et 2me mod.n
+.5 .1 .3 .3 +	13me de médiante 1re 2me 3me modif.
+6 1 6 4 +	5te de sous domin.te 2me modif.on
+.7 .2 .5 1 +	9me de tonique 1re et 3me modif.on
+1 3 6 6.+	5te de sous sensible 2me et 3me modif.on

Accord	Désignation
0 0 0 0	
0 0 0 0	
. . . .	
1 3 5 1	
7 2 5 5.	
×7 2 5 5.×	5te de dominante 2me 3me modification
. . . .	
×.1 2 5 5 +	11me de dominante 1re et 2me modification
×.1 3 5 1 +	5te de tonique 2me et 3me modification.
×.1 3 5 1 +	
. . . .	
× 7 4 .2 2×	13me de sous médiante 1re et 2me modif.on
. . . .	
×.1 5 .1 3×	13me de médiante 1re 2me 3me modification
. . . .	
×.3 5 .1 3+	13me de médiante 1re 2me 3me modification
. . . .	
×.1 1 1 2.×	3me de sous sensible 2me modification —
3 1 5 1	
3 1 5 1	

de l'harmonie.

On donne le nom d'*harmonie* à la réunion de plusieurs mélodies qui, exécutées simultanément, produisent un effet agréable.

Faire de l'harmonie, c'est donc : une mélodie y [illegible] étant donnée, composer d'autres mélodies qui puissent être chantées en même temps que la première, sans qu'elles déplaisent à l'oreille.

Nous appellerons { La mélodie déterminée d'avance : *mélodie principale*.
Les mélodies que l'on y joint pour lui servir d'accompagnement : *mélodies accessoires*. }

Exemple :

Mélodie déterminée d'avance ou <u>mélodie principale</u>. (Gluck) Echo et Narcisse.

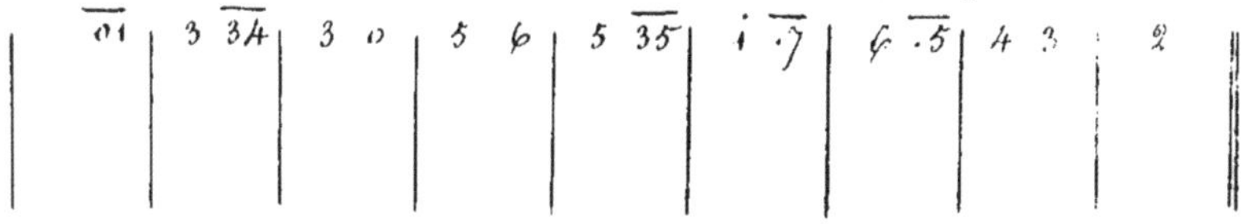

| 01 | 3 34 | 3 0 | 5 6 | 5 35 | i .7 | 6 .5 | 4 3 | 2 ‖

Si l'on joint à cette <u>mélodie principale</u> une <u>mélodie accessoire</u>, pour lui servir d'accompagnement, ces <u>deux</u> mélodies chantées simultanément formeront ce que l'on appelle un <u>duo</u>.

Exemple :

<u>mélodie principale</u> Soprano	01	3 34	3 0	5 6	5 35	i .7	6 .5	4 3	2
unie à une									
<u>mélodie accessoire</u>. Contralto	[illegible]	1 12	1 0	3 4	3 13	1 .1	1 .3	2 1	7

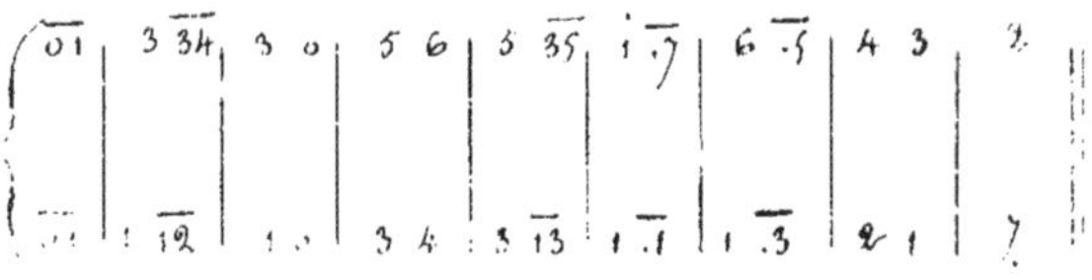

Si l'on joint à la <u>mélodie principale</u> <u>deux mélodies accessoires</u>, ces <u>trois</u> mélodies chantées simultanément forment ce que l'on appelle un <u>trio</u>.

Exemple :

Mélodie principale	Soprano.	01	3 34	3 0	5 6	5 35	i .7	6 .5	4 3	2
unie à deux Mélodies accessoires	Contralto	01	1 12	1 0	3 4	3 13	1 .1	1 .3	2 1	7.
	Basse	01	1 17.	1 0	1 1	1 11	1 .1	1 .3	7. 1	5.

Si l'on joint à la mélodie principale trois mélodies accessoires, ces quatre mélodies chantées simultanément forment ce que l'on appelle un quatuor.

Exemple :

Mélodie principale	Soprano.	01	3 34	3 0	5 6	5 35	i .7	6 .5	4 3	2
unie à trois mélodies accessoires	Contralto	01	1 12	1 0	3 4	3 13	1 .7.	1 .3	2 1	7.
	Tenor	03	5 55	5 0	i i	i ii	6 .5	4 .5	5 5	5.
	Basse	01	1 17.	1 0	1 1	1 11	1 .1	1 .3	7. 1	5.

L'harmonie consiste donc, comme on le voit, dans la simultanéité de plusieurs chants réunis pour plaire à l'oreille : C'est ce que l'on pourrait appeler un chant Multiple. Ce que je désigne ici par le mot harmonie est encore appelé contrepoint.

(Nota) On nomme indifféremment voix ou partie chacune des mélodies qui forment l'harmonie ;

Ainsi : l'on appelle
- le Duo, harmonie à deux voix ou à deux parties
- le Trio, harmonie à trois voix ou à trois parties
- le Quatuor, harmonie à quatre voix ou à quatre parties.

La science de l'harmonie consiste à savoir à quelles conditions deux trois ou quatre mélodies peuvent être chantées simultanément. (1)

Puisque l'harmonie peut être à deux, trois ou quatre parties, un traité d'harmonie doit être divisé de la manière suivante :

1°. harmonie à deux parties ;

2°. harmonie à trois parties ;

3°. harmonie à Quatre parties ;.

C'est ainsi que je diviserai celui-ci.

---

(1) La voix employant rarement l'harmonie à plus de quatre parties, et les règles relatives à

Observations préliminaires très importantes sur les diverses manières dont peuvent se mouvoir simultanément deux voix qui chantent ensemble deux mélodies différentes.

Lorsque deux voix chantent simultanément deux airs différents, on peut remarquer l'une des trois circonstances suivantes :

1°. Les deux voix {montent / descendent} en même temps ; elles font un <u>mouvement semblable</u>.

Exemple : {3 ↗ 4 ↘ 3 / 1 ↗ 2 ↘ 1}

2°. les deux voix {l'une monte pendant que / l'autre descend ;} elles font un <u>mouvement contraire</u>

Exemple : {3 ↗ 4 ↘ 3 / 1 ↘ 7 ↗ 1}

3°. les deux voix {l'une reste à la même place pendant que / l'autre monte ou descend.} elles font un <u>mouvement oblique</u>.

Exemple : {3 ↗ 4 ↘ 3 / 1 — 1 — 1 | 3 — 3 — 3 / 1 ↘ 7 ↗ 1}

<u>Résumé</u> :
- Le <u>mouvement semblable</u> a lieu lorsque les 2 voix {montent / descendent} en même temps
- Le <u>mouvement contraire</u> a lieu lorsque les 2 voix, {l'une monte pendant que / l'autre descend.}
- Le <u>mouvement oblique</u> a lieu lorsque les 2 voix {l'une reste à la même place pendant que / l'autre monte ou descend.}

L'harmonie à 5, 6, et 7 parties étant les mêmes que celles de l'harmonie à 4 parties, nous ne dépasserons pas l'harmonie à quatre parties.

Section 1re.

Harmonie à deux parties.

Chapitre 1er.

Classification harmonique des intervalles ou accords de 2 notes contenus { dans la gamme majeure / dans la gamme mineure

et Règles de leur succession.)

Les deux mélodies qui constituent l'harmonie à deux parties forment entr'elles une succession d'accords de deux notes.

Exemple:

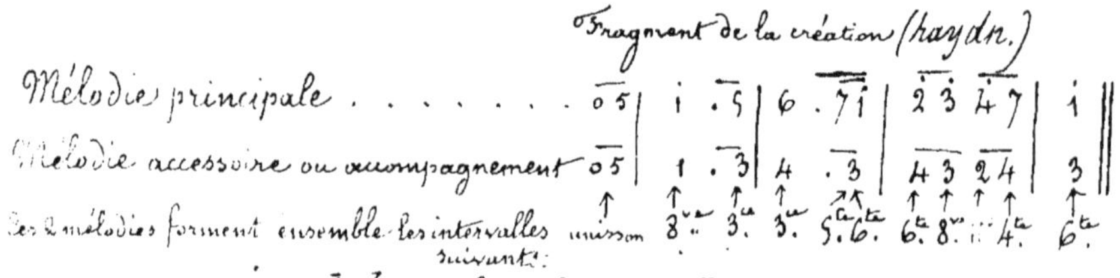

Fragment de la création (haydn.)

Mélodie principale	0 5	1 . 5	6 . 7 1	2 3 4 7	1
Mélodie accessoire ou accompagnement	0 5	1 . 3	4 . 3	4 3 2 4	3
Les 2 mélodies forment ensemble les intervalles suivants:	unisson	8ve 3ce	3ce 5te 6te	6te 8ve 4te	6te

de la succession des intervalles ou accords de 2 notes.

Division des accords de deux notes en 7 familles.

Jusqu'à présent la théorie des accords ne nous a servi qu'à faire l'analyse d'une pièce d'harmonie.

Elle va maintenant nous servir à faire nous même de l'harmonie.

nous nous rappelons:

1° Que nous avons divisé les accords en 7 classes.

Ainsi qu'il suit {
1re classe, accords d'unisson composés d'une note
2me ——— de 3ce ——— de deux notes
3me ——— de 5te ——— de trois notes
4me ——— de 7me ——— de quatre notes
5me ——— de 9me ——— de cinq notes
6me ——— de 11me ——— de six notes
7me ——— de 13me ——— de sept notes.

2° Que chacune des notes peut devenir la base de 7 accords différents.

Exemples :

6	7
4 4	5 5
2 2 2	3 3 3
7 7 7 7	1 1 1 1
5 5 5 5 5	6 6 6 6 6
3 3 3 3 3 3	4 4 4 4 4 4
1 1 1 1 1 1 1	2 2 2 2 2 2 2

et de même des cinq autres notes.

3° Que chacun de ces différents accords peut subir l'une ou plusieurs des trois modifications suivantes :

- 1re modification suppression
- 2me " répétition
- 3me " interversion

de l'une ou de plusieurs notes.

Donc

1° Si nous doublons la note de l'accord d'unisson ;
2° Si nous supprimons tous les sons intermédiaires des autres accords, en portant à l'8^ve^ inférieure le son aigu des intervalles redoublés.

Nous n'avons plus que des accords de 2 notes :

c'est-à-dire, des accords

d'unisson ou d'8^ve^	1 / 1	
de 2^de^	2 / 1	dérivé de l'accord de 9me
de 3^ce^	3 / 1	
de 4te	4 / 1	dérivé de l'accord de 11me
de 5te	5 / 1	
de 6te	6 / 1	dérivé de l'accord de 13^ce^
de 7me	7 / 1	

Partant de ce point nous disons, que chacune des notes de la gamme est la base d'une série d'accords de 2 notes ou intervalles que nous nommerons famille.

La gamme contient 7 notes, nous aurons donc 7 familles d'accords.

C'est-à-dire

1° famille de tonique ayant pour base 1	exemple :	1 2 3 4 5 6 7 1 1 1 1 1 1 1
2° — de sous médiante — 2	exemple :	2 3 4 5 6 7 1 2 2 2 2 2 2 2
3° — de médiante — 3	exemple :	3 4 5 6 7 $\dot{1}$ 2 3 3 3 3 3 3 3
4° — de sous dominante — 4	exemple :	4 5 6 7 $\dot{1}$ $\dot{2}$ $\dot{3}$ 4 4 4 4 4 4 4
5° — de dominante — 5	exemple :	5 6 7 $\dot{1}$ $\dot{2}$ $\dot{3}$ $\dot{4}$ 5 5 5 5 5 5 5
6° — de sous sensible — 6	exemple :	6 7 $\dot{1}$ $\dot{2}$ 3 $\dot{4}$ $\dot{5}$ 6 6 6 6 6 6 6
7° — de sensible — 7	exemple :	7 $\dot{1}$ $\dot{2}$ 3 $\dot{4}$ 5 $\dot{6}$ 7 7 7 7 7 7 7

Chaque famille contient comme on le voit, un accord de chaque classe

C'est-à-dire un accord

d'unisson,		modifié.
de 2de	ou 9me	modifié.
de 3ce		
de 4te	ou 11me	modifié.
de 5te		modifié.
de 6te	ou 13me	modifié.
de 7me		modifié.

On voit que, dans l'harmonie à deux parties, tous les accords sont modifiés Excepté celui de 3ce

Règle sans exception, pour la succession des accords de deux notes.

On peut faire succéder un accord quelconque à un accord quelconque par le mouvement { oblique. / Contraire

donc :

1° Il est évident que les accords de la même famille peuvent se succéder, puisque la note de la basse étant la même pour tous, produit nécessairement un mouvement oblique entre la basse et la partie supérieure (vérifiez au moyen des exemples ci-contre)

2° Il est évident aussi que tout accord d'une famille quelconque peut succéder à ceux des accords d'une autre famille qui ont avec lui une note commune, puisque la note commune produira encore dans ce cas un mouvement oblique entre la basse et la partie supérieure.

Exemple :

__Tableau de tous les accords qui peuvent, par le mouvement oblique, succéder aux différents accords de la famille de tonique.__ (1)

Chacun des accords qui suit l'accord d'unisson de tonique peut lui succéder.

1-1 1 1 1 1 1 1
1\7 6 5 4 3 2 1

Chacun des accords qui suit l'accord de 2de de tonique peut lui succéder.

2-2 2 2 2 2 2 | 2-2
1\7 6 5 4 3 2 | 1/2

Chacun des accords qui suit l'accord de 3^{ce} de tonique peut lui succéder.

3-3 3 3 3 3 | 3-3 3
1\7 6 5 4 3 | 1/2 3

Chacun des accords qui suit l'accord de 4te de tonique peut lui succéder.

4-4 4 4 4 | 4 4 4 4
1\7 6 5 4 | 1/2 3 4

Chacun des accords qui suit l'accord de 5te de tonique peut lui succéder.

5-5 5 5 | 5-5 5 5 5
1\7 6 5 | 1/2 3 4 5

Chacun des accords qui suit l'accord de 6te de tonique peut lui succéder.

6-6 6 | 6-6 6 6 6 6
1\7 6 | 1/2 3 4 5 6

Chacun des accords qui suit l'accord de 7me de tonique peut lui succéder.

7 | 7 7 7 7 7 7
1\7 | 1-2 3 4 5 6 7

Chacun des accords qui suit l'accord d'8^{ve} de tonique peut lui succéder.

$\dot{1}$ $\dot{1}$ $\dot{1}$ $\dot{1}$ $\dot{1}$ $\dot{1}$ $\dot{1}$ $\dot{1}$
1 2 3 4 5 6 7 $\dot{1}$

(1) Nous prenons ici la famille de tonique pour exemple mais il est évident que 6 tableaux pareils pourraient être faits pour les autres familles.

2°. Lorsque deux accords n'ont pas de note commune ils peuvent encore se succéder si les deux parties font un mouvement contraire.

Exemple:

Tableau de tous les accords qui peuvent, dans l'harmonie à 2 parties succéder aux différents accords de la famille de tonique, par le mouvement contraire.

Chacun des accords qui suit l'accord d'unisson de tonique peut lui succéder.

1/234567	23456	2345	234	23	2
1\777777	66666	5555	444	33	2

Chacun des accords qui suit l'accord de 2de de tonique peut lui succéder.

2/34567	3456	345	34	3
1\77777	6666	555	44	3

Chacun des accords qui suit l'accord de 3ce de tonique peut lui succéder.

3/4567	456	45	4	3\2
1\7777	666	55	4	1/2

Chacun des accords qui suit l'accord de 4te de tonique peut lui succéder.

4/567	56	5	432	3
1\777	66	5	122	3

Chacun des accords qui suit l'accord de 5te de tonique peut lui succéder.

5 6 7	6	5\4 3 2	4 3	4
1\7 7	3	1/2 2 2	3 3	4

Chacun des accords qui suit l'accord de 6te de tonique peut lui succéder.

6/7	6\5432	543	54	5
1\7	1/2222	333	44	5

Chacun des accords qui suit l'accord de 7me de tonique peut lui succéder.

7\65432	6543	654	65	6
1/22222	3333	444	55	6

Chacun des accords qui suit l'accord d'8ve de tonique peut lui succéder.

1\765432	76543	7654	765	76	7
1/222222	33333	4444	555	66	7

Dans les exemples ci dessus chacun des accords de la famille de tonique est suivi de tous les accords qui peuvent lui succéder.

Les successions les plus usitées sont celles pour lesquelles les voix ont le moins d'espace à franchir en passant d'un accord à l'autre.

Dans ces exemples, je n'ai pas dépassé l'8^{ve}, parceque dans l'harmonie à deux parties les voix ne s'écartent presque jamais l'une de l'autre de plus d'une 8^{ve}

Des successions d'intervalles (1) par le mouvement semblable.

Si deux chants simultanés pouvaient faire toujours un mouvement contraire ou un mouvement oblique, on n'aurait nul besoin de distinguer les intervalles les uns des autres, c'est-à-dire de les classer; mais il n'en est pas ainsi; on est souvent forcé de faire faire aux deux parties un mouvement semblable, et dans ce mouvement

Certains intervalles { peuvent dans tous les cas se succéder entr'eux ;
ne peuvent que dans certains cas se succéder entr'eux ;
ne peuvent dans aucun cas se succéder entr'eux ;

Il est donc nécessaire de diviser les intervalles en trois classes, comme il suit.

Classification harmonique des intervalles.

Les intervalles n'étant pas tous également agréables à entendre, nous les diviserons en trois classes; ou en d'autres termes nous dirons qu'il y en a de trois qualités.

1re Classe ou intervalles de 1re qualité	2me Classe ou intervalles de 2de qual.^{té}	3me Classe ou intervalles de 3me qualité
Elle comprend :	Elle comprend :	Elle comprend :
la 3^{ce} et son complément la 6te	l'unisson et son équivalant l'8^{ve} la 4te et son complément la 5te	la 2de et son complément la 7me
Nous nommons ces deux interv.^{les} **intervalles de 1re qualité** parcequ'ils sont très agréables à entendre ce qui fait qu'ils peuvent dans tous les cas se succéder entr'eux par le mouvement semblable.	Nous nommons ces 4 intervalles **intervalles de 2de qualité** parcequ'ils sont moins agréables à entendre que ceux de 1re qualité; ce qui fait qu'ils ne peuvent que dans certains cas se succéder entr'eux par le mouvement semblable.	Nous nommons ces 2 intervalles **intervalles de 3me qualité** parcequ'ils sont peu agréables à entendre. Ce qui fait qu'ils ne peuvent dans aucun cas se succéder entr'eux par le mouvement semblable.

(1) Les accords de deux notes n'étant que des intervalles nous nous servirons dorénavant de ce dernier mot pour les désigner.

Les intervalles redoublés sont de la même nature que les intervalles simples dont ils dérivent, donc :

1°	2°	3°
La 10e redoublement de la 3ce	La 11me redoublement de la 4te	La 9me redoublement de la 2de
La 13e " de la 6te	La 12e " de la 5te	La 14me " de la 7e
	La 15me " de l'8ve	
sont des intervalles, de 1re qualité qui peuvent aussi dans tous les cas se succéder entr'eux par le mouvement semblable	sont des intervalles de 2e qualité qui ne peuvent non plus que dans certains cas se succéder entr'eux par le mouvement semblable.	sont des intervalles de 3me qualité qui ne peuvent non plus dans aucun cas se succéder entr'eux par le mouvement semblable.

Cette classification établie, revenons aux succéssions d'intervalles par le mouvement semblable.

1°

Successions praticables sans aucune condition par le mouvement semblable

Dans les mesures lentes et dans les mesures vives.

On peut, par le mouvement semblable, et sans aucune condition,

faire succéder { à un intervalle de 1re qualité / à un intervalle de 2e qualité } un intervalle de 1re qualité

Exemple :

Succéssion des intervalles de 1re qualité entr'eux.

	(usité)	moins usité (2)												
(N°1) 3ces et 3ces	3/4	3/5	3/6	3/7	3/1̇	3/2̇	3/3̇	3\2	3\1	3\7̣	3\6̣	3\5̣	3\4̣	3\3̣
	1/2	1/3	1/4	1/5	1/6	1/7	1/1̇	1\7̣	1\6̣	1\5̣	1\4̣	1\3̣	1\2̣	1\1̣

	usité (1)	moins usité (2)						usité (1)	moins usité (2)					
(N°2) 3ces et 6tes	3/7	3/1̇	3/2̇	3/3̇	3/4̇	3/5̇	3/6̇	3\2	3\1	3\7̣	3\6̣	3\5̣	3\4̣	3\3̣
	1/2	1/3	1/4	1/5̣	1/6	1/7	1/1̇	1\4	1\3̣	1\2̣	1\1	1\7̣	1\6̣	1\5̣

	usité (1)	moins usité (2)						usité (1)	moins usité (2)					
(N°3) 6tes et 6tes	6/7	6/1̇	6/2	6/3̇	6/4̇	6/5̇	6/6̇	6\5	6\4	6\3	6\2	6\1	6\7̣	6\6̣
	1/2	1/3	1/4	1/5	1/6	1/7	1/1̇	1\7̣	1\6̣	1\5̣	1\4̣	1\3̣	1\2̣	1\1̣

	usité (1)	pas usité (2)						usité (1)	moins usité (2)					
(N°4) 6tes et 3ces	6/7	6/1̇	6/2̇	6/3̇	6/4̇	6/5̇	6/6̇	6\2	6\1	6\7̣	6\6̣	6\5̣	6\4̣	6\3̣
	1/5	1/6	1/7	1̇/1	1/2̇	1/3̇	1/4̇	1\7̣	1\6̣	1\5̣	1\4̣	1\3̣	1\2̣	1\1̣

(1) Parceque l'une des parties monte – descend que d'une seconde.
(2) Ces exemples sont moins usités à mesure que les deux voix montent ou descendent d'un intervalle plus grand.

Succession des intervalles de la 1re qualité à ceux de 2me qualité.

	usité (1)	moins usité (2)						usité (1)	moins usité (2)					
No. 1	1/4	1/5	1/6	1/7	1/1	1/2	1/3	1\7	1\6	1\5	1\4	1\3	1\2	1\1
unisson et 3ce	1/2	1/3	1/4	1/5	1/6	1/7	1/1	1\5	1\4	1\3	1\2	1\1	1\7	1\

	usité (1)	moins usité (2)						usité (1)	moins usité (2)					
No. 1 bis	1\7	1\6	1\5	1\4	1\3	1\2	1\1	1/7	1/1	1/2	1/3	1/4	1/5	1/6
unisson et 6te	1\2	1\1	1\7	1\6	1\5	1\4	1\3	1/2	1/3	1/4	1/5	1/6	1/7	1/1

	usité (1)	moins usité (2)						usité (1)	moins usité (2)					
No. 2	1/2	1/3	1/4	1/5	1/6	1/7	1/1	1\5	1\4	1\3	1\2	1\1	1\7	1\6
8ve et 6te	1/4	1/5	1/6	1/7	1/1	1/2	1/3	1\7	1\6	1\5	1\4	1\3	1\2	1\1

	usité (1)	moins usité (2)						usité (1)	moins usité (2)					
No. 2 bis	1/2	1/3	1/4	1/5	1/6	1/7	1 1	1\2	1\1	1\7	1\6	1\5	1\4	1\3
8ve et 3ce	1/7	1/1	1/2	1/3	1/4	1/5	1 6	1\7	1\6	1\5	1\4	1\3	1\2	1\1

	usité (1)	moins usité (2)						usité (1)	moins usité (2)					
No. 3	4/5	4/6	4/7	4/1	4/2	4/3	4/4	4\2	4\1	4\7	4\6	4\5	4\4	4\3
4te et 3ce	1/3	1/4	1/5	1/6	1/7	1/1	1/2	1\7	1\6	1\5	1\4	1\3	1\2	1\1

	usité (1)	moins usité (2)						usité (1)	moins usité (2)					
No. 3 bis	4\3	4\2	4\1	4\7	4\6	4\5	4\4	4/7	4/1	4/2	4/3	4/4	4/5	4/6
4te et 6te	1\5	1\4	1\3	1\2	1\1	1\7	1\6	1/2	1/3	1/4	1/5	1/6	1/7	1/1

	usité (1)	moins usité (2)						usité (1)	moins usité (2)					
No. 4	5/7	5/1	5/2	5/3	5/4	5/5	5/6	5\4	5\3	5\2	5\1	5\7	5\6	5\5
5te et 6te	1/2	1/3	1/4	1/5	1/6	1/7	1/1	1\6	1\5	1\4	1\3	1\2	1\1	1\7

	usité (1)	moins usité (2)						usité (1)	moins usité (2)					
No. 4 bis	5/6	5/7	5/1	5/2	5/3	5/4	5/5	5\2	5\1	5\7	5\6	5\5	5\4	5\3
5te et 3ce	1 4	1/5	1/6	1/7	1/1	1/2	1/3	1\7	1\6	1\5	1\4	1\3	1\2	1\1

2°

Des successions d'intervalles praticables à une condition par le mouvement semblable dans les mesures lentes, et dans les mesures vives.

On peut par le mouvement semblable (mais seulement par exception, c'est-à-dire le plus rarement possible) faire succéder à un intervalle de 1re qualité, un intervalle de 2me qualité à l'une des deux conditions suivantes :

(1) Lorsque l'une des parties remonte ou ne redescent que d'une seconde.
(2) Les exemples sont moins usités à mesure que les deux voix montent ou descendent d'un intervalle plus grand.

1re Condition = Si l'une des deux voix {ne monte / ou / ne descend} que d'une seconde pour passer de l'intervalle de 1re qualité à celui de 2e qualité.

Exemples:

3ces suivies de 4te 5te unisson ou 8ve

usités . . . . très peu usités . . . .

(No 1)	2de	2de	2de	2de	2de	2de	2de	2de
	3 — 5	3 \ 2	3 — 6	3 \ 2	3 \ 7	3 — 4	3 — 2	3 — 2
	1 — 2	1 \ 6	1 — 2	1 — 5	1 \ 7	1 — 4	1 — 2	1 — 2

6te suivies de 5tes 4tes 8ve et unisson.

usités . . . . très peu usités . . . .

No 2	2de	2de	2de	2de	2de	2de	2de	2de
	6 — 7	6 \ 4	6 — 7	6 \ 3	6 \ 5	6 — 2	6 — 7	6 \ 7
	1 — 3	1 \ 7	1 — 4	1 \ 7	1 \ 5	1 — 2	1 — 7	1 \ 7

2me Condition, Si les notes de l'intervalle de 1re qualité et celles de l'intervalle de 2me qualité peuvent

Appartenir au même accord {de 5te de tonique, / de 5te de sensible / de 7me de dominante privée {de la 3ce / ou / de la 5te.}}

Exemples:

Les notes de l'intervalle de 1re qualité et celles de l'intervalle de 2me qualité appartiennent dans les exemples, suivant l'accord de 5te de tonique.

usités . . . . moins usités . . . .

(No 1)								
	3 \ 1	1 \ 5	5 — 1	3 — 5	3 — 1	1 — 5	5 \ 1	3 — 5
	1 \ 5	3 \ 1	3 — 5	5 — 1	1 — 5	3 — 1	3 \ 5	5 \ 1

peu usités . . . . très peu usités . . . .

	3 — 5	1 — 5	5 \ 1	3 \ 1	3 \ 5	1 \ 5	5 — 1	3 — 1
	1 — 5	3 — 5	3 \ 1	5 \ 1	1 \ 5	3 \ 5	3 — 1	5 — 1

Les notes de l'intervalle de 1re qualité et celles de celui de 2me qualité appartienent dans les exemples suivants au même accord de 5te de sensible.

(No. 2.)

usités				moins usités			
2 \ 7	7 \ 4	4 / 7	2 / 4	2 / 7	7 / 4	4 / 7	2 \ 4
7 \ 4	2 \ 7	2 / 4	4 / 7	7 / 4	2 / 7	2 \ 4	4 \ 7
très peu usités				**encore moins usités**			
2 / 4	7 / 4	4 \ 7	2 \ 7	2 \ 4	7 \ 4	4 / 7	2 / 7
7 / 4	2 / 4	2 \ 7	4 \ 7	7 \ 4	2 \ 4	2 / 7	4 / 7

Les notes de l'intervalle de 1re qualité et celles de l'intervalle de 2me qualité appartienent, dans les exemples ci dessous à l'accord de 7me de dominante privée de sa 5te

(No. 3)

usités		moins usités		peu usités		très peu usités	
4 \ 2	2 \ 5	4 / 2	2 / 5	4 / 5	2 / 5	4 \ 5	2 \ 5
2 \ 5	4 \ 2	2 / 5	4 / 2	2 / 5	4 / 5	2 \ 5	4 \ 5

Les notes de l'intervalle de 1re qualité et celles de celui de 2me qualité appartiennent dans les exemples ci dessous à l'accord [illegible]

(No. 4)

usités		moins usités		peu usités		très peu usités	
7 / 4	5 / 7	7 \ 4	5 \ 7	7 \ 4	5 \ 4	7 — 4	5 — 4
5 / 7	7 / 4	5 \ 7	7 \ 4	5 \ 4	7 \ 4	5 — 4	7 — 4

2e bis.

Des successions d'intervalles praticables, à une condition par le mouvement semblable, dans les <u>mesures très vives seulement</u>.

On peut, par le mouvement semblable (mais seulement par exception c'est-à-dire le plus rarement possible)

Faire succéder:
- à un intervalle de 2me qualité un intervalle de 2me qualité.
- à un intervalle de 1re qualité un intervalle de 3me qualité,
- à un intervalle de 3me qualité un intervalle de 1re qualité.
- à un intervalle de 2me qualité un intervalle de 5e qualité.
- à un intervalle de 3me qualité un intervalle de 2me qualit.

A la condition suivante : (1) si l'une des deux voix { ne monte / ou / ne descend } que d'une 2de pour passer du 1er au 2e intervalle

(*Exemples:*)

Dans les exemples suivants l'une des parties { monte / ou / descend } toujours d'une seconde pour passer du 1er intervalle au 2e

(No. 1) 2e classe et 2e classe

peu usités – très peu usités – peu usités – très peu usités

1/2	1\7.	1/5	1\7.	1/6	1\7.	1/2	1̇\7	4/5	4\3	4/6	4\3	4/5	4\7.	4/2	4\3
1/2	1\7.	1/2	1\4.	1/2	1\3.	1/2	1̇ 7	1/2	1\7.	1/2	1\6.	1/5	1\7.	1/2	1\3.

usités – peu usités – très peu usités – usités – peu usités – très peu usités

5\4	5/6	5/6	5\3	5\7.	5/6	5/2̇	5\4	1̇/2̇	1̇\4	1̇/2̇	1̇\3	1̇/2̇	1̇\7	1̇\7.	1̇/2̇
1\7.	1/2	1/3	1\7.	1\7.	1/6	1/2	1\4.	1/5	1\7.	1/6	1\7.	1/2	1\7.	1\7.	1/2̇

(No. 2) 1re classe et 1re classe

très peu usités

3\1	3—4	3—1̇	3\2	6\5	6—1̇	6—7	6\1
1\7.	1—3	1—2	1\3.	1\6.	1—2	1—6	1\7.

(No. 3) 3e classe et 1re classe

très peu usités

2—4	2\1	2—7	2\1	7\5	7—1̇	7\2	7—1̇
1—2	1\6.	1—2	1\3.	1\7.	1—3	1\7.	1—6

presque inusités.

(No. 4) 2e classe et 3e classe

1\7.	1/1̇	1\7.	4/5	4\1	4—1̇	4\3	5\4	5/3	5/6	5\1	1̇/2̇	1̇\6	1̇/2̇	1̇\1
1\6.	1/2	1\1.	1/4	1\7.	1/2	1\4.	1\5.	1/2	1/5	1\7.	1/3	1\7.	1/1̇	1\7.

presque inusités

(No. 5) 3e classe et 2e classe

2/3	2\7.	2/2̇	2\1	2/5	2\1	2/6	2\1	7/2̇	7\6	7/1̇	7\7.	7/1̇	7\4	7/1̇	7\3
1/3	1\7.	1/2	1\1.	1/2	1\5.	1/2	1\4.	1/2	1\6.	1/1̇	1\7.	1/4	1\7.	1/5	1\7.

3°

des Successions d'intervalles tout à fait impracticables, par le mouvement semblable.

On ne peut à aucune condition faire succéder l'un à l'autre, par le mouvement semblable, <u>deux intervalles de 3me qualité</u>.

(1) Cette condition est la même que la 1re des deux indiquées ci-dessus ; mais nous la répétons ici pour plus de clarté.

(Exemples :)

tout à fait inusités.

3me classe	2 — 3	2 ↘ 1	2 — 1	2 ↘ 1	7 — 1	7 ↘ 6	7 — 1	7 ↘ 1
3me et classe	1 — 2	1 ↘ 7	1 — 2	1 ↘ 2	1 — 2	1 ↘ 7	1 — 7	1 ↘ 7

(Résumé des règles de succession des intervalles.)

par le mouvement oblique et le contraire.

Un intervalle quelconque peut succéder à un intervalle quelconque.

Restriction à la règle.

{ Dans les mesures lentes pourvu que l'on ne mette pas l'un à côté de l'autre 2 intervalles de 3e qualité.

{ Dans les mesures vives pourvu que l'on ne mette pas à côté l'un de l'autre plus de 2 intervalles de 3e qualité.

Par le mouvement semblable.

1° Sans aucune condition, les intervalles de 1re qualité peuvent succéder à tous les intervalles, excepté à ceux de 3me qualité, dans toutes les mesures, lentes ou vives.

2° moyennant une condition (1)

{ Les intervalles de 2me qualité peuvent succéder à ceux de 1re qualité, (mais seulement comme exception) même dans les mesures lentes.

{ un intervalle quelconque peut succéder à un intervalle quelconque, (mais seulement comme exception) dans les mesures vives sauf l'exception suivante.

3° à aucune condition, l'on ne peut faire succéder l'un à l'autre deux intervalles de 3me qualité.

Note (1) Voici cette condition, elle est générale : si l'une des 2 voix (remonte ou redescend) que d'une seconde pour passer d'un intervalle à l'autre.

Il existe une condition particulière relative aux intervalles de 2me qualité lorsqu'ils sont précédés d'un intervalle de 1re qualité, la voici :

si les notes de l'intervalle de 1re qualité et celles de celui de 2me qualité pouvent appartenir au même accord { de 5te de tonique / de 5te de sensible / de 7me de dominante privé } { de la 3ce ou de la 5te

De la proportion dans laquelle on emploie les intervalles des différentes classes dans l'harm.ie à 2 parties.

1.o Les intervalles de 1.re qualité (3.ce et 6.te) sont très usités par tous les mouvements (oblique, contraire, semblable) et employés dans toutes les mesures {lentes ou vives.

2.o Les intervalles de 2.me qualité (unisson, 8.ve 4.te 5.te)

sont en général { assez usités par les mouvements oblique et contraire { et employés dans toutes les mesures lentes ou vives. / peu usités par le mouvement semblable { et employés seulement dans les mesures vives.

3.o Les intervalles de 3.e qualité (2.de et 7.me) sont { très peu usités par le mouvement oblique et contr.re / presque inusités par le mouvement semblable, et employés seulement dans les mesures vives ; de plus, les intervalles de 3.me qualité étant peu agréables à entendre on n'en emploie jamais plus de deux de suite, même par le mouvement oblique ou contraire, et dans les mesures vives.

Des intervalles les plus harmonieux de chaque qualité.

Intervalles de 1.re qualité

De deux intervalles de 1.re qualité complément l'un de l'autre, le plus harmonieux est le plus petit :

Ainsi : la 3.ce est plus harmonieuse que la 6.te

Intervalles de 2.me qualité.

De deux intervalles de 2.me qualité, complément l'un de l'autre, le plus harmonieux est le plus grand :

Ainsi : { l'Octave est plus harmonieuse que l'unisson / la 5.te est plus harmonieuse que la 4.te

Intervalles de 3.me qualité.

De deux intervalles de 3.me qualité, complément l'un de l'autre, le moins désagréable est le plus grand.

Ainsi : la 7.me est moins désagréable que la 2.de

De l'emploi des intervalles redoublés dans l'harmonie à 2 parties.

On n'emploie que très-rarement, dans l'harmonie à deux parties, les intervalles qui surpassent l'octave ; ils ne font pas un bon effet parceque les 2 voix se trouvent trop éloignées l'une de l'autre.

Dans l'harmonie à plus de deux parties, ils ne produisent pas ce mauvais effet, parceque l'on remplit au moyen d'une ou de plusieurs notes intermédiaires, le grand vide qui existe entre leurs extrémités.

Des repos de la mélodie appelés Cadences.

Divisions ordinaires d'un morceau de musique :

Un morceau de musique se compose ordinairement, comme le discours, de plusieurs phrases complètes ;

Chacune des phrases complètes peut contenir, comme dans le discours plusieurs phrases incomplètes,

Chacune des phrases incomplètes peut contenir, comme dans le discours ; plusieurs parties de phrase ;

Ainsi la mélodie a, comme le discours, trois espèces de points de repos qui portent le nom général de cadences.

1° Une cadence finale, qui termine une phrase complète, c'est-à-dire, après laquelle l'oreille est satisfaite et n'attend plus rien, parcequ'elle sent que le chant est fini :

On appelle cette cadence finale cadence parfaite, cadence proprement dite, c'est-à-dire, repos parfait. Cette cadence parfaite de la musique correspond au point du discours.

2° Une cadence qui termine chacune des phrases incomplète dont se compose une phrase complète :

On appelle cette cadence, demi-cadence, c'est-à-dire, demi repos. Cette demi-cadence de la musique correspond au point et virgule du discours.

3° Une cadence qui termine chacune des parties de phrase dont se compose une phrase incomplète :

On appelle cette cadence, quart de cadence, c'est-à-dire quart de repos. Le quart de cadence dans la musique correspond à la virgule du discours.

Exemples { de cadence parfaite / de demi cadence / de quart de cadence } dans une mélodie d'Haydn.

Phrase complète

phrase incomplète — phrase incomplète — phrase incomplète

partie de phrase — partie de phrase — partie de phrase — partie de phrase

5 1 | 3 3 2 2 | 1 5 1 3 | 5 5 6 4 | 3 5 2 4 | 3 3 | 2 6 4 2 | 1 1 2 2 | 2 5 1 5 | 5 5 4 4 | 3 6 5 5 | 4 4 6 7 | 1 7 5 2 | 4 4 2 2 | 5 1 5 3 | 2 2 7 7 | 1 ||

¼ de cadence — ½ cadence — ¼ de cadence — ½ cadence — ¼ de cadence — ½ cadence — ¼ de cadence — Cadence parfaite.

On voit que { Cadence parfaite, ou simplement cadence est synonyme de fin de phrase complète. / Demi-cadence est synonyme de fin de phrase incomplète. / Quart de cadence est synonyme de fin de partie de phrase. }

Règles relatives à l'observation { des cadences / des ½ cadences / des ¼ de cadence } dans la partie d'accompagnement dans l'harmonie à 2 parties.

La partie d'accompagnement doit être regardée comme une mélodie particulière

Donc { les cadences / les ½ de cadences / les ¼ de cadences } doivent se faire de concert avec celles, ou ceux, de la mélodie principale qu'elle accompagne, c'est-à-dire en même temps

Des notes sur lesquelles peuvent se faire, dans la mélodie principale { la cadence / la ½ cadence / la ¼ de cadence.

dans une mélodie principale { Non accompagnée, la cadence se fait toujours sur la tonique. / Accompagnée la cadence peut se faire de plus sur la { médiante / dominante } pourvu que la cadence se fasse dans la partie d'accompagnement sur la tonique parce qu'autrement c'est la tonique qui doit être toujours à l'aigu. / Accompagnée ou non accompagnée { la ½ cadence / la ¼ de cadence } peut se faire sur une note quelconque.

des intervalles sur lesquels peuvent se faire, dans l'harmonie à 2 parties { les cadences / les ½ cadences / les ¼ des cadences.

1°. Les cadences peuvent se faire { Sur les 2 intervalles de 1re qualité 13 et 31. / Sur les intervalles de 2me qualité 11 . 11.15.

2°. Les { ½ cadences / ¼ de cadences } peuvent se faire sur un intervalle quelconque, pourvu qu'il ne dépasse pas l'octave.

1°. Nous appellerons { cadences parfaites / demi cadences / quarts de cadences } de 1re qualité celles qui se font sur un intervalle de 1re qualité.

2°. Nous appellerons { cadences parfaites / demi-cadences / quarts de cadences } de 2e qualité celles qui se font sur un intervalle de 2e qualité.

3°. Nous appellerons { demi-cadences / quarts de cadences } de 3e qualité celles qui se font sur un intervalle de 3e qualité.

Tableau complet des intervalles particuliers sur lesquels peuvent se faire les cadences parfaites.

1re qualité en 3ce et en 6te

Mode majeur { très usitées: 3/1 ‖ 1/3 ‖

très usitées

Mode mineur { [illegible]

2e qualité en unisson, en 8ve, en 5te

Mode majeur { très usitées: 1/1 ‖ 1/1 ‖ peu usitées: 5/1 ‖

très usitées — peu usitées

Mode mineur { 6 ‖ 6 ‖ 3/6 ‖

On voit par le tableau précédent, que la cadence parfaite ne peut se faire que sur des intervalles contenant les notes suivantes :
- 1° la tonique et la médiante
- 2° la tonique répétée.
- 3° la tonique et la dominante

Autrement dit : sur la tonique et l'une des notes de l'accord de 5te de tonique.

Tableau complet des intervalles sur lesquels peuvent se faire les demi-cadences et les quarts de cadences dans l'harmonie à 2 parties.

1re qualité en 3ces et en 6tes

Demi cadences et quart de cadences sur la 3ce (très usitées)

	Chant sur la tonique	Chant sur la s. médte	Chant sur la médiante	Chant sur la s. Domte	Chant sur la Dominte	Chant sur la s. sensible	Chant sur la sensible
Mode majeur	1 (1) 6	2 7	3 1	4 2	5 3	6 4	7 5
Mode mineur	6 4	7 5	1 6	2 7	3 (2) 1	4 2	5 3

Demi cadences et quart de cadences sur la 6te (très usitées)

	Chant sur la tonique	Chant sur la s. médiante	Chant sur la médiante	Chant sur la s. Domte	Chant sur la Dominante	Chant sur la s. sensible	Chant sur la sensible
Mode majeur	1 3	2 4	3 5	4 6	5 7	6 1	7 2
Mode mineur	6 1	7 2	1 3	2 4	3 5	4 6	5 7

On voit par le tableau précédent que les demi cadences et les quarts de cadences peuvent se faire sur une 3ce ou sur une 6te quelconque.

2me qualité en unissons en 8ves en 4tes et en 5tes

Demi cadences et quarts de cadences sur l'unisson

	très usitées	presque inusitées			peu usitées	presque inusitées	
Mode majeur	1 1	2 2	3 3	4 4	5 5	6 6	7 7
	très usitées	presque inusitées			peu usitées	presque inusitées	
Mode mineur	6 6	7 7	1 1	2 2	3 3	4 4	5 5

Demi cadences et quarts de cadences sur l'8ve

	très usitées	presque inusitées			peu usitées	presque inusitées	
Mode majeur	1 1	2 2	3 3	4 4	5 5	6 6	7 7
	très usitées	presque inusitées			peu usitées	presque inusitées	
Mode mineur	6 6	7 7	1 1	2 2	3 3	4 4	5 5

Demi cadences et quart de cadences sur la 4te

	très peu usitées	presque inusitées			très peu usitées	presque inusitées	
Mode majeur	1 5	2 6	3 7	4 1	5 2	6 3	7 4
	très peu usitées	presque inusitées			très peu usitées	presque inusitées	
Mode mineur	6 3	7 4	1 5	2 6	3 7	4 1	5 2

Demi-cadences et quarts de cadences sur l'8ve

	très peu usitées	très usitées	très peu usitées		usitées	très peu usitées	
Mode majeur	1 4	2 5	3 6	4 7	5 1	6 2	7 3
	très peu usitées	très usitées	très peu usitées		usitées	très peu usitées	
Mode mineur	6 2	7 3	1 4	2 5	3 6	4 7	5 1

(1) Pour employer cette demi cadence, dans le mode majeur, il faut avoir la précaution de faire entendre immédiatement avant la dominante du mode majeur, afin que la tonalité ne se porte pas sur la sous sensible du mode majeur tonique du mineur [illegible]

(2) Pour employer cette demi cadence, dans le mode mineur, il faut avoir la précaution de faire entendre, immédiatement avant la sensible du mode mineur, afin que la tonalité ne se porte pas sur la médiante du mode mineur tonique du majeur relatif

(3me classe en 2des et en 7mes)

	Demi-cadences et quarts de cadences en 2des		Demi-cadences et quarts de cadences en 7mes	
	très peu usitée		très peu usitée	
Mode Majeur	5		4	
	4		5	
	très peu usitée		très peu usitée	
Mode Mineur	3		2	
	2		3	

Ces deux demi-cadences de 3me classe sont les seules usitées pour les deux modes. On peut remarquer qu'elles sont complément l'une de l'autre, et que l'une a pour base la sous-dominante et l'autre la dominante.

(du 1er intervalle d'une phrase d'harmonie à 2 parties.)

La 1re phrase d'un morceau d'harmonie à deux parties, peut commencer par l'un des intervalles qui servent à faire les cadences parfaites [1] voyez le tableau des cadences parfaites [illegible], et de plus par l'unisson ou l'octave de la dominante ou par la médiante et la dominante exemple. { 5 5 ‖ 5 5 / 5 5 ‖ 5 5 ‖ }

Une phrase quelconque dans le courant d'un morceau, peut commencer par l'un des intervalles qui peuvent servir à faire { les cadences parfaites / les demi-cadences / les quarts de cadences } voyez les [illegible]

Ces divers intervalles sont employés dans la même proportion pour commencer les différentes phrases d'un morceau, que pour les cadences parfaites, demi-cadences et quarts de cadences etc.

(Résumé des tableaux des cadences parfaites, demi-cadences et quarts de cadences.)

1° { les cadences parfaites / les demi-cadences / les quarts de cadences } sur la 3ce et sur la 6te sont très usitées.

---

(1) Il n'est presque pas de morceaux de musique qui ne commence par la tonique, la médiante ou la dominante, ceux en très petits nombres commencent par une des autres [illegible] de la gamme [illegible] à leur début, dans le ton marqué à la clef [illegible] dans ce cas il faut s'en rapporter au ton réel et non au ton apparent, pour la résolution des règles.

2°.
- Les cadences parfaites sur l'unisson et l'3^{ce} de la tonique sont très usitées.
- Les demi-cadences et Les quarts de cadences } sur l'unisson et l'8^{ve} { de la tonique sont usitées / de la dominante sont peu usitées / des autres propriétés sont presque inusitées.

3°.
- Les cadences parfaites / Les demi-cadences / Les quart de cadences } sur la 5te sont en général peu usitées, excepté { 2 / 5 } pour les 1/2 cadences

4°.
- Les cadences parfaites sur la quarte sont tout à fait proscrites
- Les demi cadences / Les quarts de cadences } sur la 4te sont très peu usitées.

5°.
- Les cadences parfaites sur un intervalle de 3me classe sont tout-à-fait proscrites.
- Les demi-cadences et Les quarts de cadences } sur un intervalle de 3me classe sont très peu usitées, et ne sont permises que sur la 2de qui a pour base la sous dominante et sur la 7me complément de cette 2de.

(De l'intervalle qui précède celui sur lequel se fait la cadence parfaite.)

Dans la mélodie principale, la note qui précède celle sur laquelle se fait la cadence parfaite appartient, presque toujours à l'accord de 7me de dominante.

Dans l'harmonie à 2 parties, l'intervalle qui précède celui sur lequel se fait la cadence parfaite doit être composé, autant qu'il se peut, de notes appartenant à l'accord de 7me de dominante.

Tableau de toutes les combinaisons de notes de l'accord, de 7me de dominante qui peuvent précéder l'accord sur lequel se fait la cadence parfaite,

				usités							moins usités		
5	7	2	4	2	4	5	2	4	5	7	5	7	2
5	5	5	5	7	7	7	2	2	2	2	4	4	4

On voit par ce tableau que { les intervalles les plus usités sont ceux qui ont pour base la dominante / les intervalles les moins usités sont ceux qui ont pour base le 2. dominante

Je n'ai jamais rencontré, dans l'accord qui précède celui sur lequel se fait la cadence parfaite, ni la sensible ni la sous dominante doublées (1) voici, probablement d'où cela vient:

Pour arriver à la cadence parfaite, { La sensible ne peut que monter à la tonique exemple : 7/1
La sous dominante ne peut que descendre à la médiante ex: 4\3 }

La sensible doublée obligerait donc a produire l'unisson ou l'8ve par le mouvement semblable ce qui produirait un effet peu agréable.

Exemple: { 7/1 | 7 1 ‖
7/1 | 7/1 ‖ }

La sous dominante doublée empêcherait la cadence puisqu'elle ne peut pas descendre à la tonique; si on le faisait l'ut paraitrait être la dominante du ton de fa, et non la tonique du ton d'ut.

Exemple: { 4\3 | 4\3 ‖
4\3 | 4 3 ‖ }

Les deux autres notes de l'accord de 7me de dominante peuvent se doubler parce qu'elles peuvent, à volonté, faire un mouvement ascendant ou descendant pour arriver à la cadence parfaite.

La dominante peut { monter / descendre } à la tonique, exemple: { 5/1 / 5\1 ‖ }
descendre à la médiante, exemple: { 5\3 ‖ }

La sous médiante peut { descendre à la tonique exemple { 2\1 ‖
monter à la médiante exemple { 2/3 ‖ }

Sur la manière d'employer les différents intervalles
(Emploi des intervalles de 1re qualité, 3ces et 6tes.)

La 3ce étant de tous les intervalles le plus agréable à entendre, est la base de l'harmonie à deux parties, on ne doit en général l'abandonner que par nécessité, et presque exclusivement dans les cas suivants;

(1) Excepté lorsque la dernière phrase se chante à l'unisson; Dans ce dernier cas seulement la sensible peut se doubler.

1° Lorsque son emploi fait porter la tonalité sur une autre note que dans la mélodie principale que l'on accompagne;

2° Lorsque son emploi rend le chant de la partie d'accompagnement difficile ou désagréable;

3° Lorsque plusieurs notes consécutives de la mélodie principale, peuvent appartenir au même accord de 5te quel qu'il soit, ou à l'accord de 7me de dominante, parceque si l'on conservait toutes les 3ces au dessous de ces passages, on formerait d'autres accords de 5te ou de 7me ayant une autre base que ceux de la mélodie et qui, chantés en même temps que ceux de la mélodie, feraient un effet choquant;

4° Lorsque la même note est répétée plusieurs fois de suite dans la mélodie principale que l'on accompagne, si l'on veut varier l'harmonie; mais dans ce dernier cas, ce n'est pas une nécessité, cela dépend du goût du compositeur.

La 6te est, après la 3ce, l'intervalle le plus agréable à entendre; elle doit donc servir à remplacer la 3ce lorsque l'on est obligé de l'abandonner.

(Emploi des intervalles de 2e qualité unisson 8ve 4te 5te)

L'unisson et l'8ve ne s'emploient guère que pour la tonique et la dominante pour chaque mode, et encore ne les emploie-t-on, à peu près, que pour commencer ou finir une phrase, et presque jamais dans le courant des phrases, à moins que l'on ne fasse chanter les 2 parties à l'unisson ou à l'8ve pendant une phrase entière ou une partie de phrase.

La 5te s'emploie quelquefois dans le courant des phrases, mais ne s'emploie que rarement pour les commencer ou les finir.

La 4te s'emploie communément dans le courant des phrases et ne s'emploie presque jamais pour les commencer ou les finir.

(Emploi des intervalles de 3e qualité 2de et 7me)

La 2de et la 7me ne s'emploient que très rarement dans l'harmonie à 2 parties parce qu'elles n'y produisent pas un effet agréable à l'oreille.

Il faut surtout avoir soin de les éviter dans les mesures lentes, (à moins que ce ne soit pour produire un effet particulier de vitesse,) et de les placer de préférence à la partie faible de la mesure ou à la partie faible du temps.

Les 2des et les 7mes ne s'emploient que dans le courant des phrases et jamais pour les commencer ou les finir, sauf l'exception qui se trouve au tableau des demi-cadences ci-dessus.

De l'ordre invariable dans lequel on doit placer les voix dans un morceau d'harmonie.

Dans un morceau d'harmonie les voix doivent se placer **invariablement** dans l'ordre suivant —

1er Sop.no	Voix de femmes
2me Sop.no	
2me Contr.to	
1er C.to	
1er Ténor	Voix d'hommes
2me Ténor	
2me Basse	
1re Basse	

Dans un morceau d'harmonie chacune des 8 voix peut être employée avec l'une quelconque des 7 autres.

Puisque l'ordre des voix est invariable, on voit par le tableau ci-dessus, 1° que le 1er Sop.no, lorsqu'il est employé, doit toujours se trouver à la partie supérieure de l'harmonie.

2° Que chacune des autres voix peut se trouver
- à la partie sup.re si elle est employée avec une voix placée au dessous d'elle dans le tableau ci-dessus.
- à la partie inf.re si elle est employée avec une voix placée au dessus d'elle dans le tableau ci-dessus.

Dans quels cas peut-on faire passer la partie inférieure de l'harmonie au dessus de la partie supérieure?

1°. L'on fait passer presque continuellement la partie inf.re au dessus de la partie supérieure,

Lorsque l'on écrit	pour une voix grave de femme et pour une voix aigüe d'homme	Contralto. Ténor.

2°. L'on fait passer assez souvent la partie inférieure au dessus de la partie supérieure,

Lorsque l'on écrit pour	des voix de même nom c'est-à-dire:		2 Sopranos. 2 Contraltos. 2 Ténors. 2 Basses.
	deux voix aigües	1 de femme et 1 d'homme	Soprano. et Ténor.
	deux voix graves.	1 de femme et 1 d'homme	Contralto et Basse.

3°. L'on fait passer rarement la partie inférieure au dessus de la partie supérieure,

Lorsque l'on écrit	Pour 2 voix de femmes de noms différents	Soprano et Contralto.
	Pour 2 voix d'hommes de noms différents	Ténor et Basse.

4°. L'on ne fait presque jamais passer la partie inf.re au dessus de la partie sup.re

Lorsque l'on écrit	pour une voix aigüe de femme, et pour une voix grave d'homme	Soprano. et Basse.

Dans quels moments est-il à propos de faire passer la partie inférieure au dessus de la partie supérieure ?

Le bon sens répond : c'est lorsque la partie supérieure chante des sons du médium et surtout des sons graves.

Observations générales sur le chant simultané des 2 parties.

(Ces observations sont très importantes pour la liaison des accords ; elles nous aideront puissamment à faire de bonne harmonie.)

En prenant un morceau quelconque d'harmonie à deux parties, on peut remarquer que les trois faits suivants se présentent continuellement :

1°. Les deux parties chantent simultanément par degrés conjoints, c'est à dire, ne franchissent que des intervalles de 2des

Exemple :

0	0	3	4	3	4	5	4	3
0	0	1	2	1	2	3	2	1

2°. L'une des parties franchit des intervalles plus grands que la 2de, pendant que l'autre partie ne change pas de note, ou chante par degrés conjoints,

Exemple :

3	5	1	ou	3	5	1
1	1	1		1	2	3

même note

3°. Les deux parties franchissent, en même temps, un intervalle plus grand que la 2de ; mais dans ce 3e cas, l'un des deux faits suivants a lieu presque toujours :

A. On quitte un intervalle de 1re qualité pour reprendre un un intervalle de 1re qualité ;

Exemple :

1	6	4	3
6	4	2	1

Degrés conjoints — 3ce 3ce 3ce

B. Les notes de l'intervalle que l'on quitte et celles de l'intervalle que l'on prend.

Appartiennent au même accord { de 5te de tonique / de 5te de sensible / de 7me de dominante privée { de la 3^ce / de la 5te

Exemple : { 3 1 | 5 . ‖ / 1 5 | 3 . ‖ }

Voici, comme exemple des faits que nous venons d'énumérer, un morceau de Mozart, cité par Reicha (traité de mélodie page 61) comme un excellent modèle d'harmonie à deux parties.

Duo de la clémence de Titus. (Mozart.)

(Note. Les deux premières phrases étaient en sol ; nous les avons traduites en ut pour plus de clarté. Les N.os et les lettres qui surmontent chaque phrase, se rapportent aux N.os et aux lettres des obs.tions ci dessus.

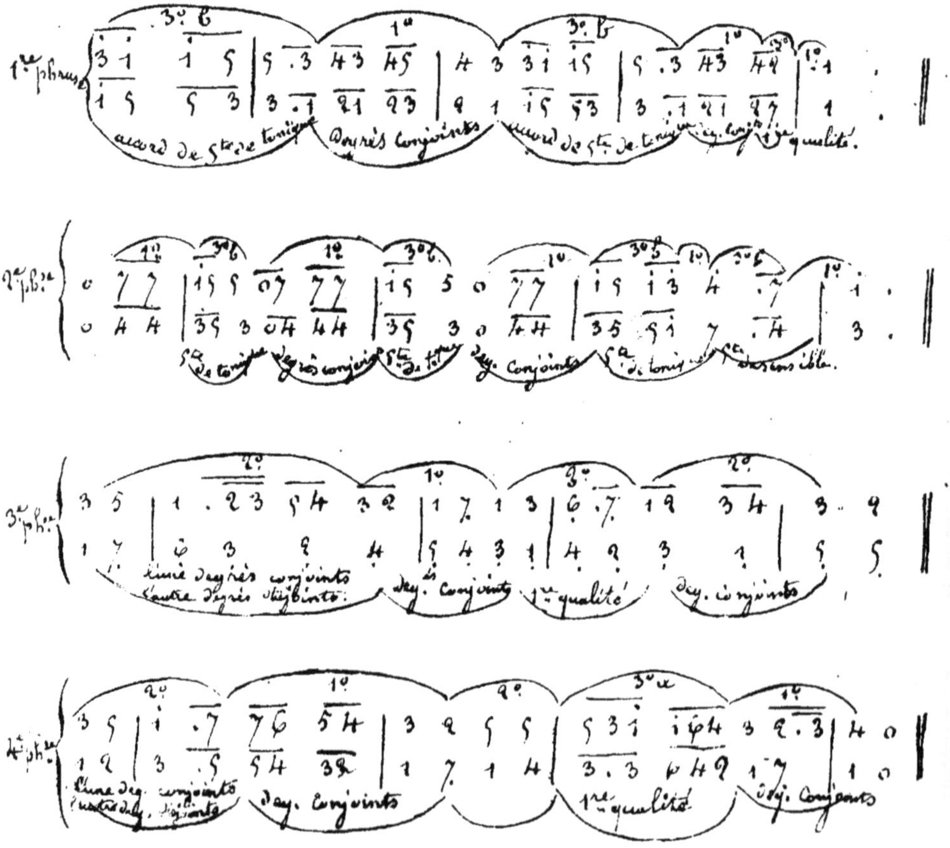

1re phrase
3 1 1 5 | 5 .3 43 45 | 4 3 31 15 | 5 .3 43 42 | 1 1 . ‖
1 5 5 3 | 3 .1 21 23 | 2 1 15 53 | 3 .1 21 27 | 1 . ‖
(3e B ; 1e ; 3e B ; 1e ; 3e ; 1e — accord de 5te de tonique ; degrés conjoints ; accord de 5te de tonique ; deg. conjoints ; 1re qualité.)

2e phrase
0 77 | 15 5 07 77 | 15 5 0 77 | 15 13 4 .7 | 1 . ‖
0 44 | 35 3 04 44 | 35 3 0 44 | 35 21 7 .4 | 3 . ‖
(1e ; 3e b ; 1e ; 3e b ; 1e ; 3e b ; 1e ; 3e b ; 1e — 5te de tonique ; degrés conjoints ; 5te de tonique ; deg. conjoints ; 5te de tonique ; 5te de sensible.)

3e phrase
3 5 | 1 . 23 54 32 | 1 7 1 3 | 6 7 12 34 | 3 2 ‖
1 7 | 6 3 2 4 | 5 4 3 1 | 4 2 3 1 | 5 5 ‖
(2e ; 1e ; 3e ; 2e — l'une degrés conjoints, l'autre degrés disjoints ; deg.^és conjoints ; 1re qualité ; deg. conjoints.)

4e phrase
3 5 | 1 .7 76 54 | 3 2 5 5 | 531 164 3 2.3 | 4 0 ‖
1 2 | 3 .5 54 32 | 1 7 1 4 | 3.3 642 1 7 | 1 0 ‖
(2e ; 1e ; 2e ; 3e a ; 1e — l'une deg. conjoints, l'autre deg. disjoints ; deg. conjoints ; 1re qualité ; deg. conjoints.)

2ème phrase
4 . 4 | 42 45 5 .5 | 5.43 3 0 0 | 0 0 3 4 | 2 . 0 0 | 0 0 4 5 |
0 1.1 | 27 7 0 4.4 | 321 1 0 0 | 0 0 1 4 | 5 . 0 0 | 0 0 2 5 |

Suite
3 . 0 0 | 0 0 06 3 2 | 3 . 0 0 | 0 0 06 3 2 | 1 . ||
6 . 0 0 | 0 0 01 1 7 | 1 . 0 0 | 0 0 04 1 7 | 1 . ||

Les mêmes faits se reproduisent continuellement, comme on pourra l'observer dans tous les morceaux que l'on voudra analyser dans ce sens.

(en résumé :)

Pour que l'harmonie soit bonne, il faut, en général, que jamais les deux parties ne franchissent simultanément des intervalles plus grands que la 2de, excepté dans les deux cas suivants :

1° si l'on quitte un intervalle de 1re qualité pour reprendre un intervalle de 1re qualité ;

2° si les notes de l'intervalle que l'on quitte et celles de l'intervalle que l'on prend peuvent appartenir au même accord { de 5te de tonique ; de 5te de sensible, de 7me de dominante privée { de sa 3 / de sa 5

Pratique.

Comment on doit accompagner les passages de la mélodie dont les notes consécutives appartiennent au même accord de 5te ou de 7me

Exemple :

Duo de l'opéra le belle viaggiatrice (haibel)

Accord de 5te de tonique — accord de 7me de dominante
0 0 05 67 | 1 1 05 31 | 6 6 04 27 | 5 5 05 67 |
0 0 05 #44 | 3 3 03 53 | 4 4 06 42 | 4 4 04 42 |

accord de 5te de tonique — Accord de 7me de dominante — Accord de 5te de tonique
1 . 05 31 | 6 6 04 27 | 5 5 05 67 | 1 . 05 13 |
3 . 03 53 | 4 4 06 42 | 4 4 04 42 | 3 . 03 51 |

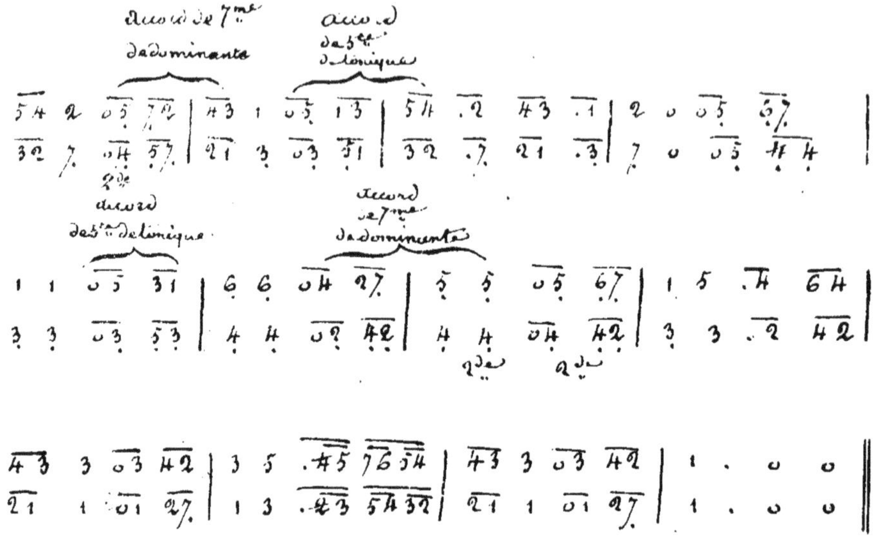

Accord de 7me de dominante — accord de 5te de tonique

54 2 05 72 | 43 1 05 13 | 54 .2 43 .1 | 2 0 05 57 |
32 7 04 57 | 21 3 03 31 | 32 .7 21 .3 | 7 0 05 44 |

2de

accord de 5te de tonique — accord de 7me de dominante

1 1 05 31 | 6 6 04 27 | 5 5 05 67 | 1 5 .4 64 |
3 3 03 53 | 4 4 02 42 | 4 4 04 42 | 3 3 .2 42 |

2de 2de

43 3 03 42 | 3 5 .45 7654 | 43 3 03 42 | 1 . 0 0 ||
21 1 01 27 | 1 3 .23 5432 | 21 1 01 27 | 1 . 0 0 ||

Observations sur le morceau ci dessus.

1° Toutes les fois que les notes consécutives de la mélodie principale appartiennent à l'accord de 5te de tonique (135) Baibel les accompagne par des notes appartenant aussi à l'accord de 5te de tonique (Verifiez ci dessus) Tel est l'usage presque invariable des auteurs. Il a sa source dans le fait suivant : l'accord de 5te de tonique est, de tous les accords, celui qui détermine le mieux la tonalité.

2° Toutes les fois que les notes consécutives de la mélodie principale appartiennent à l'accord de 7me de dominante (5 7 2 4) Baibel les accompagne par des notes appartenant aussi à l'accord de 7me de dominante (verifiez ci-dessus)

Tel est l'usage presque invariable des auteurs; il a source dans le fait suivant: l'accord de 7me de dominante est, après l'accord de 5te de tonique, celui qui détermine le mieux la tonalité.

Quant aux autres accords de 5te ou de 7me que peuvent former les notes consécutives de la mélodie principale, les auteurs n'ont pas de règle fixe. Ils les accompagnent tantôt par des notes appartenant à l'accord formé par les notes de la mélodie principale; tantôt à la 3ce ou à la 6te.

3° quelques versions contiennent une demi-cadence et un commen=
=cement de phrase sur la 2de $\left\{\frac{5}{4}\right.$ (vérifiez)

On peut remarquer que, dans les passages qui précèdent et qui suivent les demi-cadences et les commencements de phrases sur la 2de $\left\{\frac{5}{4}\right.$ toutes les notes, tant de l'accompagnement que de la mélodie principale appartiennent exclusivement à l'accord de 7me de dominante (5̣ 7̣ 2 4) ou à l'accord de 9me de dominante (5̣ 7̣ 2 4 6) (vérifiez)

L'observation précédente vous indique dans quel cas on peut employer convenablement la 2de $\left\{\frac{5}{4}\right.$ pour demi cadence ou pour commencer une phrase.

C'est surtout dans les passages où les notes de la mélodie et celles de l'accompagnement appartiennent exclusivement à l'accord de 7me de dominante (5̣ 7̣ 2 4) ou à l'accord de 9me de dominante (5̣ 7̣ 2 4 6.)

On n'est pas toujours obligé de suivre la mélodie note pour note.

Exemples tirés de Reicha (traité d'harmonie page 198 et 199)

N° 1	$\dot{1}$ . . .	$\dot{2}$ . . .	$\dot{3}$ . . .	$\dot{4}$ . . .	$\dot{5}$ . . . ‖
	0 0 $\dot{1}$.	. 7 6 5 4 3 2	1 0 3 .	. $\dot{2}$ $\dot{1}$ 7 6 5 4	3 . . . ‖
N° 2	$\dot{1}$ . . .	$\dot{2}$. 7 .	$\dot{1}$. $\dot{2}$.	$\dot{3}$ . . . ‖	
	0 3 5 1	7̣ 2 5 4	3 5 7̣ 5	1 . . . ‖	

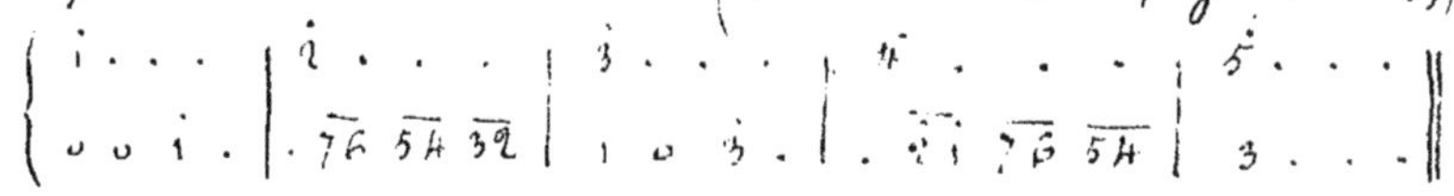

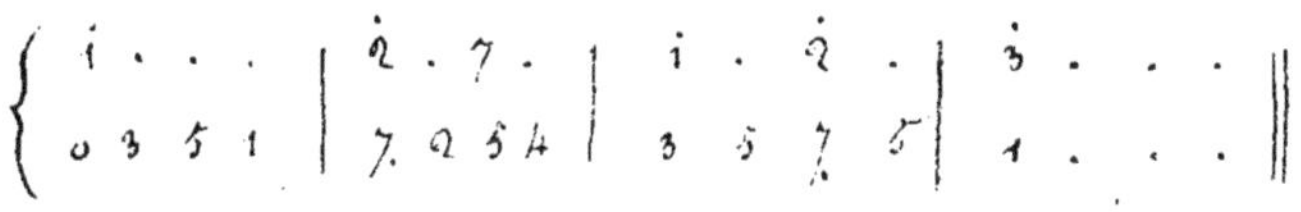

Observations sur les deux exemples ci-dessus.

Dans les deux exemples ci-dessus chacune des notes de la mélodie prin=
=cipale est accompagnée par plusieurs notes différentes.

(vérifiez ci-dessus)

Mais on peut remarquer que { dans le N° 1 les notes de l'accompagnement marchent par degrés conjoints (vérifiez) ; dans le N° 2 les notes de l'accompagnement marchent par degrés disjoints (vérifiez)

On peut donc, lorsque l'on place dans l'accompagnement plusieurs notes pour une seule de celles de la mélodie, les faire marcher à volonté par degrés conjoints ou par degrés disjoints.

Mais si elles marchent par degrés disjoints, comme dans le n° 2, il faut que la note de la mélodie principale et les notes qui lui servent d'accompagnement appartiennent au même accord de 5te ou de 7me. Cette condition est remplie dans l'exemple n° 2. (vérifiez ci-dessus

Voici quels sont les accords que les auteurs emploient généralement pour chacune des notes dans ce genre d'accompagnement.

si la note de la mélodie principale fait partie =

- de l'accord de 5te de tonique (135) on l'accompagne par des notes faisant aussi partie de l'accord de 5te de tonique (135)
- de l'accord de 5te de sensible (7 2 4) on l'accompagne par des notes choisies à volonté dans l'accord de 7me de dominante (5 7 2 4)
- de l'accord de 5te de sous médiante (2 4 6) on l'accompagne par des notes choisies, à volonté dans l'accord de 7me de sous médiante. (2 4 6 1)

Donc: dans ce genre d'accompagnement,

- La tonique la médiante et la dominante sont ordinairement accompagnées par des notes choisies dans l'accord de 5te de tonique. (1 3 5)
- La sensible est ordinairement accompagnée par des notes choisies dans l'accord de 7me de dominante (5 7 2 4)
- La sous-sensible est ordinairement accompagnée par des notes choisies dans l'accord de 7me de sous médiante (24
- La sous médiante et la sous dominante peuvent être accompagnées par des notes choisies soit dans l'accord de 7me de dominante. (5 7 2 4) soit dans l'accord de 7me de sous médiante. (2 4 6 1);
  Mais elles le sont bien plus souvent par des notes choisies dans le premier de ces deux accords.

(L'accompagnement doit suivre la mélodie de gamme en gamme)
Donc: lorsqu'un air contient des modulations, c'est à dire, lorsque la tonalité se déplace pour se porter sur un autre son, il faut pour que l'on soit en état de l'accompagner:
1° Que l'on puisse déterminer sur quelle note s'est portée la tonalité;
2° que l'on sache quels sont les dièses et les bémols qui caractérisent les diverses tonalités, afin de pouvoir employer, s'il y a lieu, dans l'accompagnement, ceux qui conviennent à la tonalité nouvelle.

Exemple:
Hymne d'Iphigénie en Tauride (Gluck.)

1re phrase tonique 1 maj. — 2me phrase tonique 5 maj. — 3ème phrase

3 . 5 .	1 . 1 .	2 . 2 4	4 3 3 0	6 . 5 6	4 . 4#	5 . . .	5 . 3 .	4 . 5 .	3 . 4 .
1 . 7 .	6 . 5 .	6 . 7 .	2 1 1 0	3# 2 3	6 . 2 1	7 . . .	2 . 1 .	6 . 2 .	5 . 2 .

tonique 1 majeur. — 4ème phrase tonique 1 maj.

3 . 2 2	1 . 2 3	4 . 3 2	3 . 2 1	1 . 0 0 fin.	5 . 4 .	6 . 5 .	i . 7 6	6 . 5 0
1 . 7 7	1 . 7 1	6 7 1 1	1 . 7 1	1 . 0 0 fin.	1 . 1 .	1 . 3 2	1 . 1 .	1 . 1 0

5me phrase tonique 5 maj. — 6me phrase tonique 1 maj. — 7ème phrase tonique 1 maj.

4 . 5 6	7 . 6 5	5 . 0 0	4 . 3 .	2 . 1 .	4 . 3 4	3 2 2 0	5 . i 7	6 . 5 4	3 . 2 1
1 . 2#	5 . #5	5 . 0 0	1 2 5 .	6 7 1 .	2 . 1 2	1 7 7 0	3 . 5 .	4 . 3 2	1 . 7 1

8ème phrase tonique 4 majeur — 9me phrase tonique 4 maj.

1 . 0 0	3 . 5 .	4 . 6 .	7̸ . 7̸ .	6 . 5 0	i . 7̸ .	6 . 5 .	4 . 3 .	4 . 0 0
1 . 0 0	1 . 1 .	1 . 1 .	4 . 5 .	4 . 3 0	4 . 5 .	1 . 2 .	1 . 7̸ .	6 . 0 0

10ème phrase tonique 6 mineur — 11ème phrase tonique 6 mineur.

6 . 6 .	6 . 6 .	5 . 6 .	3 . 3 0	i . 7 .	6 . 7 .	7̸ . . 7̸	6 . 0 0
1 . 1 .	4 . 3 .	2 . 1 .	7 . 7 0	3 . 2 .	1 . 4 .	3 . . 2	1 . 0 0

(Observations sur le morceau ci-dessus.)

1°. Le morceau de Gluck se compose d'une suite de phrases en divers tons.

La 1re phrase a pour tonique	ut	en mode majeur	(vérifiez en chantant)
La 2me ———	sol	———	(———)
La 3me ———	ut	———	(———)
La 4me ———	ut	———	(———)
5me ———	sol	———	(———)
La 6me ———	ut	———	(———)
La 7me ———	ut	———	(———)
La 8me ———	fa	———	(———)
La 9me ———	fa	———	(———)
La 10me ———	la	en mode mineur	(———)
La 11me ———	la	———	(———)

2°. Dans l'accompagnement de la 2me phrase et de la 5me dont la tonique est sol mode majeur; Gluck n'emploie pas le fa qui n'appartient pas à la gamme de sol mode majeur. il le remplace par le fa dièse qui caractérise la gamme de sol mode majeur. (vérifiez ci-dessus)

3°. Dans l'accompagnement de la 8me, dont la tonique est fa mode majeur; Gluck n'emploie que des notes communes aux tons d'ut majeur et de fa majeur. (Vérifiez.)

4°. Dans l'accompagnement de la 9me phrase dont la tonique est, fa mode majeur, Gluck n'emploie pas le si qui n'appartient pas à la gamme de fa mode majeur; il le remplace par le si bémol qui caractérise la gamme de fa mode majeur. (vérifiez.)

5°. Dans l'accompagnement de la 10ème phrase et de la 11ème dont la tonique est la mode mineur, Gluck n'a pas employé le 5 qui n'appartient pas à la gamme de la mode mineur; il n'a pas non plus employé le 5 qui caractérise la gamme de la mode mineur. (Vérifiez)

Il n'a employé que des notes communes aux deux gammes relatives d'ut mode majeur et de la mode mineur. (vérifiez)
La tonalité est si bien déterminée, dans la mélodie principale, que l'on peut sans inconvénient se passer du 5e ou de la partie d'accompagnement.
L'accompagnement doit toujours suivre ainsi la mélodie principale de gamme en gamme.

Des difficultés qui peuvent se rencontrer dans la recherche de la tonalité.

1° La tonalité peut être douteuse dans la mélodie principale;

2° La tonalité peut avoir changé dans la mélodie principale sans qu'il ait paru de dièses ni de bémols.

3° La tonalité peut n'être pas changée par les dièses ou les bémols que contiennent la mélodie principale ou l'accompagnement.

(Exemple) Duo par Righini.

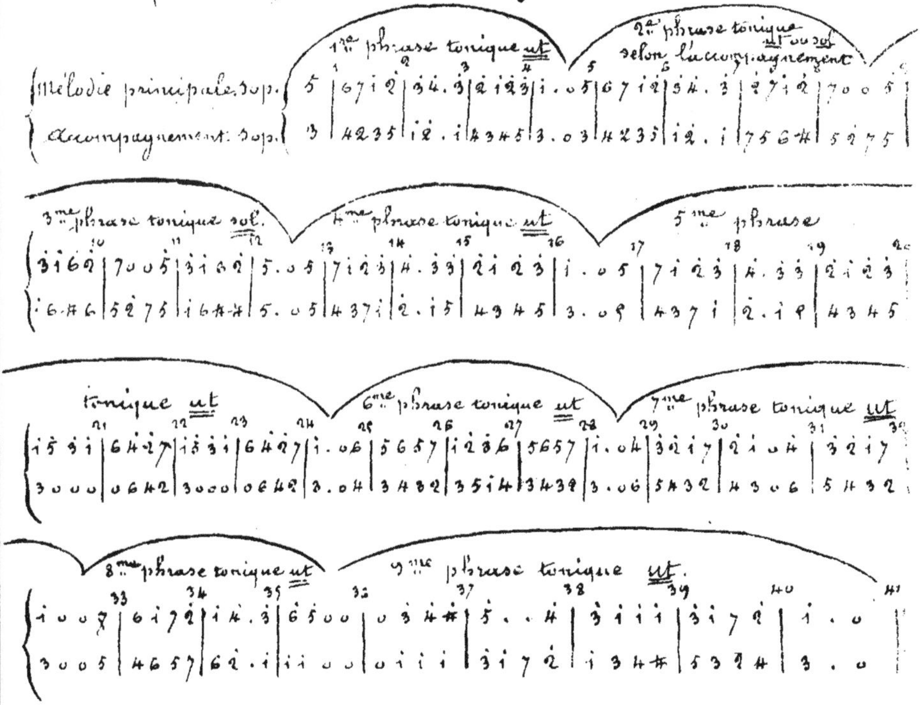

1re phrase tonique ut (mesures 1–4) — 2e phrase tonique ut ou sol selon l'accompagnement (mesures 5–8)

		1	2	3	4	5	6	7	8
Mélodie principale. sop.	5	6 7 1 2	3 4 . 3	2 1 2 3	1 . 0 5	6 7 1 2	3 4 . 3	2 7 1 2	7 0 0 5
Accompagnement. sop.	3	4 2 3 5	1 2 . 1	4 3 4 5	3 . 0 3	4 2 3 5	1 2 . 1	7 5 6 4#	5 2 7 5

3me phrase tonique sol. (mesures 9–12) — 4me phrase tonique ut (mesures 13–16) — 5me phrase

9	10	11	12	13	14	15	16	17	18	19
3 1 6 2	7 0 0 5	3 1 6 2	5 . 0 5	7 1 2 3	4 . 3 3	2 1 2 3	1 . 0 5	7 1 2 3	4 . 3 3	2 1 2 3
1 6 4# 6	5 2 7 5	1 6 4# 4#	5 . 0 5	4 3 7 1	2 . 1 5	4 3 4 5	3 . 0 5	4 3 7 1	2 . 1 5	4 3 4 5

tonique ut — 6me phrase tonique ut — 7me phrase tonique ut

20	21	22	23	24	25	26	27	28	29	30	31
1 5 3 1	6 4 2 7	1 5 3 1	6 4 2 7	1 . 0 6	5 6 5 7	1 2 3 6	5 6 5 7	1 . 0 4	3 2 1 7	2 1 0 4	3 2 1 7
3 0 0 0	0 6 4 2	3 0 0 0	0 6 4 2	3 . 0 4	3 4 3 2	3 5 1 4	3 4 3 2	3 . 0 6	5 4 3 2	4 3 0 6	5 4 3 2

8me phrase tonique ut — 9me phrase tonique ut.

32	33	34	35	36	37	38	39	40
1 0 0 7	6 1 7 2	1 4 . 3	6 5 0 0	0 3 4 4#	5 . . 4	3 1 1 1	3 1 7 2	1 . 0
3 0 0 5	4 6 5 7	6 2 . 1	1 1 0 0	0 1 1 1	3 1 7 2	1 3 4 4#	5 3 2 4	3 . 0

Observations sur le morceau précédent.

La mélodie principale du morceau précédent peut se diviser en plusieurs phrases.

1º. Dans la 1ère phrase la tonique est ut (vérifiez en chantant.)
Donc, il faut que la tonique de son accompagnement soit ut aussi.

2º. Dans la 2me phrase la tonalité est douteuse. La tonique peut être ut ou sol selon l'accompagnement (vérifiez en chantant l'exemple ci-dessous)

	2me phrase tonique ut.					même phrase tonique sol				
Exemple	5	6 7 1 2	3 4 . 3	2 7 1 2	7 0 0 0	5	6 7 1 2	3 4 . 3	2 7 1 2	7 0 0
	3	4 2 3 5	5 6 . 5	4 2 3 4	2 0 0 0	3	4 2 3 5	1 2 . 1	7 5 6 #	5 0 0

Donc pour l'accompagnement des phrases où la tonalité est douteuse le compositeur peut choisir entre les deux tonalités celle qui lui plait le plus.

3º. Dans la 3ème phrase la tonique est sol, quoique cette phrase ne contienne pas le fa dièse (vérifiez en chantant.)
Donc l'accompagnement de cette phrase serait mauvais si la tonalité ne se portait pas sur le sol.

4º. Dans la 4ème phrase et dans la 5me la 6ème et la 7ème la tonique est ut (vérifiez en chantant.)
Donc il faut que l'ut soit aussi la tonique de l'accompagnement de ces quatre phrases.

5º. Dans la 8ème phrase la tonique est ut, quoique cette 8ème phrase contienne le si bémol (vérifiez en chantant.)
Donc il faut que l'ut soit aussi la tonique dans l'accompagnement de la 8ème phrase.
Le si bémol que contient la 8ème phrase ne fait pas changer la tonalité parce qu'il est précédé et suivi presque immédiatement du si naturel.

6º. Dans la 9ème et dernière phrase, la tonique est ut, quoique cette phrase contienne le fa dièse (vérifiez en chantant.)
Donc il faut que l'ut soit aussi la tonique de l'accompagnement de la 9ème phrase.

Le fa dièse que contient la 9ème phrase, ne fait pas changer la tonalité parcequ'il est précédé et suivi immédiatement ou presque immédiatement du fa naturel.

Remarque importante sur la manière dont on doit placer les dièses et les bémols lorsque l'on ne veut pas qu'ils déplacent la tonalité.

Une note altérée soit par le dièse, soit par le bémol, ne déplace pas la tonalité lorsqu'elle est de courte durée et précédée et suivie immédiatement ou presque immédiatement de la même note non altérée.

Les dièses et les bémols accidentels s'emploient presque toujours de l'une des deux manières suivantes : (par dièses et bémols acci=dentels nous entendons seulement ceux qui ne font pas changer la tonalité.)

1° En intervalles chromatiques, soit en montant, soit en descendant.

Exemples { dièses 1 1♯ 2 – 2 2♯ 3 – 4 4♯ 5 – 5 5♯ 6 – 6 6♯ 7 = 7 6♯ 6 – 6 5♯ 5 – 5 4♯ 4 – 3 2♯ 2 – 2 1♯ 1 =
bémols 1 2♭ 2 – 2 3♭ 3 – 4 5♭ 5 – 5 6♭ 6 – 6 7♭ 7 = 7 7♭ 6 – 6 6♭ 5 – 5 5♭ 4 – 3 3♭ 2 – 2 2♭ 1 =

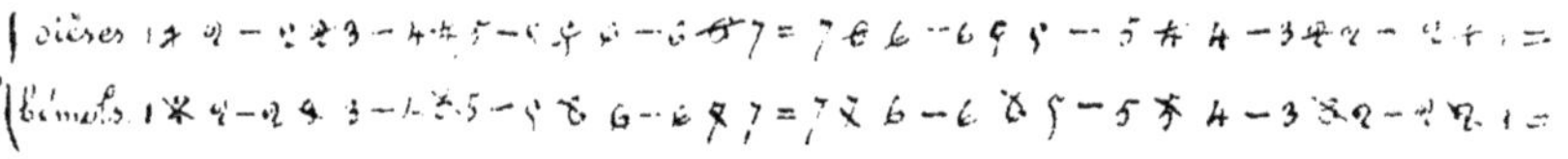

2° En plaçant de chaque côté du dièse la note supérieure qui lui sert de mesure.

En plaçant de chaque côté du bémol la note inférieure qui lui sert de mesure.

Exemples { dièses 2 1♯ 2 – 3 2♯ 3 – 5 4♯ 5 – 6 5♯ 6 – 7 6♯ 7 =
bémols 1 2♭ 1 – 2 3♭ 2 – 4 5♭ 4 – 5 6♭ 5 – 6 7♭ 6 =

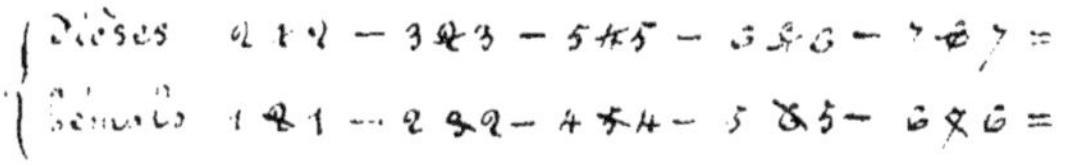

Les dièses accidentels s'emploient bien plus souvent que les bémols.

Le morceau suivant est très remarquable,
dans sa 1ère partie par le nombre de dièses accidentels qu'il contient ;
dans sa seconde partie, par la manière dont Meyerbeer nous donne tout-à-coup, et pour un instant, l'impression d'une tonalité nouvelle.

604

Duo de la Semiramide riconosciuta (Meyerbeer.)

1ère partie — 1er passage — tonique ut mode majeur

Soprano

Tenor

2me passage. tonique sol mode majeur

3ème passage. tonique ut mode majeur.

4ème passage. tonique ut mode mineur.

5ème passage. ut mode majeur.

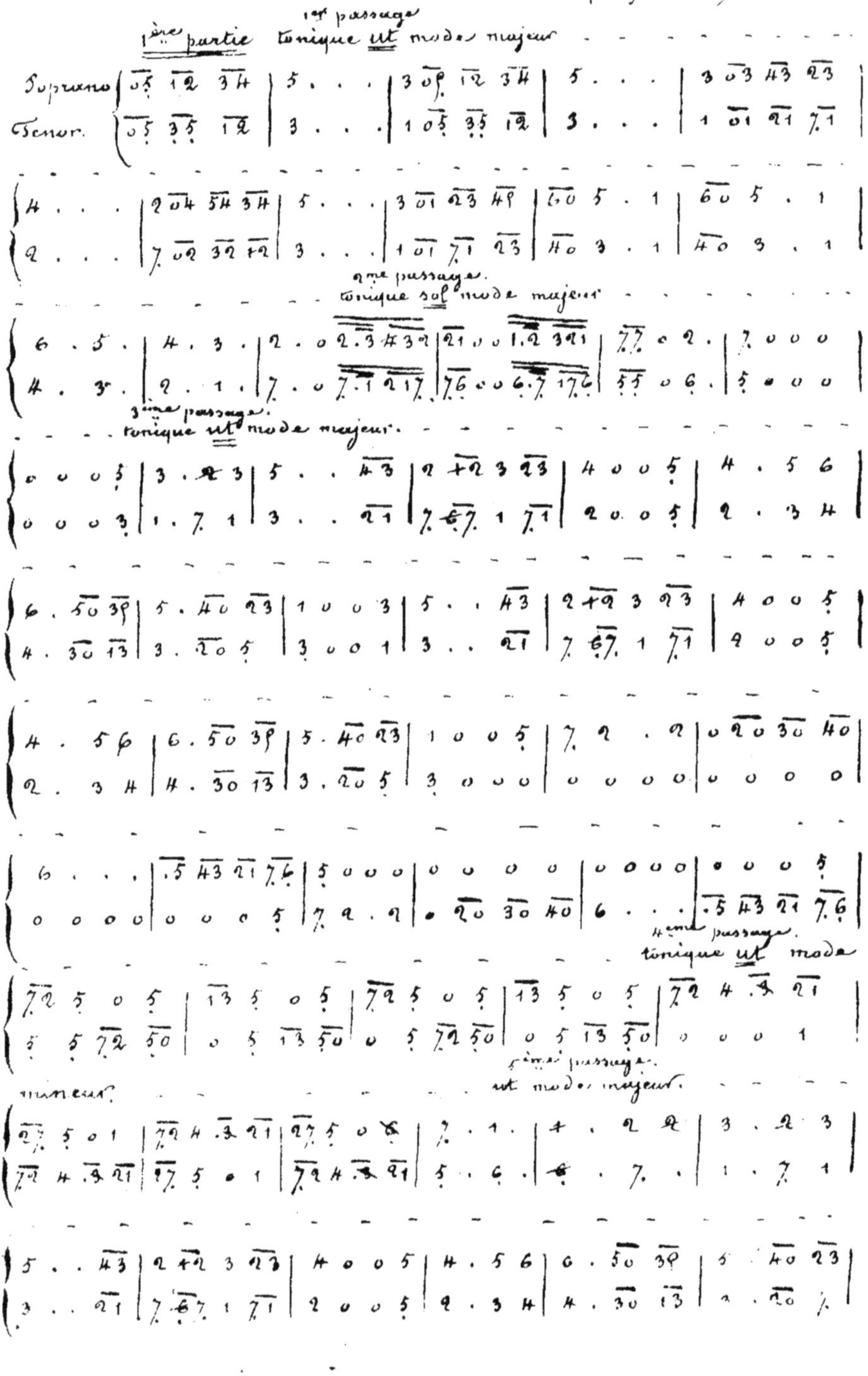

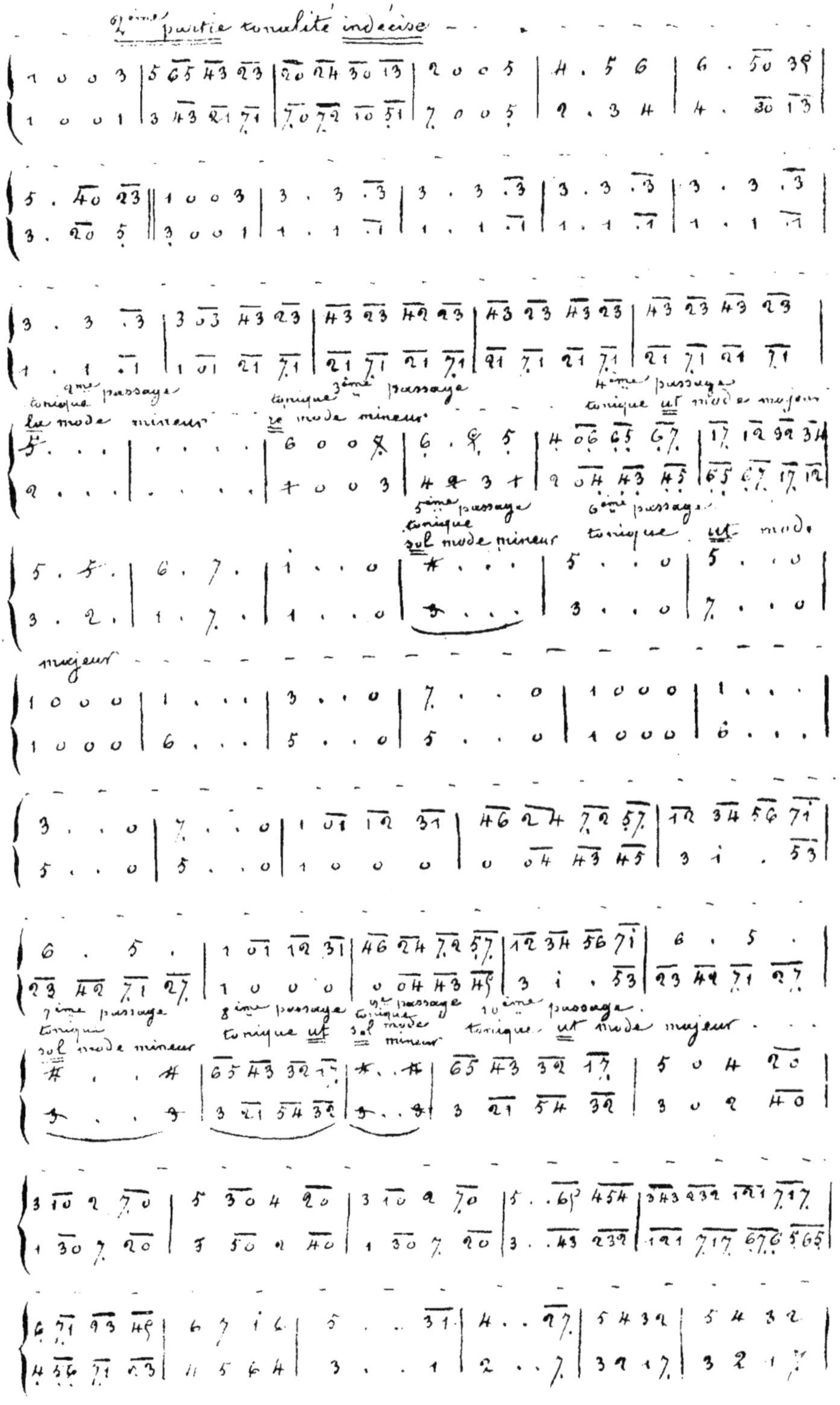

2ème partie tonalité indécise

1 0 0 3 | 5 65 43 23 | 20 24 30 13 | 2 0 0 5 | 4 . 5 6 | 6 . 50 39 |
1 0 0 1 | 3 43 21 71 | 70 72 10 51 | 7 0 0 5 | 2 . 3 4 | 4 . 30 13 |

5 . 40 23 || 1 0 0 3 | 3 . 3 .3 | 3 . 3 .3 | 3 . 3 .3 | 3 . 3 .3 |
3 . 20 5 || 3 0 0 1 | 1 . 1 .1 | 1 . 1 .1 | 1 . 1 .1 | 1 . 1 .1 |

3 . 3 .3 | 3 03 43 23 | 43 23 42 23 | 43 23 43 23 | 43 23 43 23 |
1 . 1 .1 | 1 01 21 71 | 21 71 21 71 | 21 71 21 71 | 21 71 21 71 |

2me passage tonique la mode mineur — 3ème passage tonique ré mode mineur — 4ème passage tonique ut mode majeur

5 . . . | . . . . | 6 0 0 7 | 6 . 4 5 | 4 06 65 67 | 17 12 23 34 |
2 . . . | . . . . | 1 0 0 3 | 4 2 3 1 | 2 04 43 45 | 65 67 17 12 |

5ème passage tonique sol mode mineur — 6ème passage tonique ut mode majeur

5 . 5 . | 6 . 7 . | 1 . . 0 | #4 . . . | 5 . . 0 | 5 . . 0 |
3 . 2 . | 1 . 7 . | 1 . . 0 | 3 . . . | 3 . . 0 | 7 . . 0 |

1 0 0 0 | 1 . . . | 3 . . 0 | 7 . . 0 | 1 0 0 0 | 1 . . . |
1 0 0 0 | 6 . . . | 5 . . 0 | 5 . . 0 | 1 0 0 0 | 6 . . . |

3 . . 0 | 7 . . 0 | 1 01 12 31 | 46 24 72 57 | 12 34 56 71 |
5 . . 0 | 5 . . 0 | 1 0 0 0 | 0 04 43 45 | 3 1 . 53 |

6 . 5 . | 1 01 12 31 | 46 24 72 57 | 12 34 56 71 | 6 . 5 . |
23 42 71 27 | 1 0 0 0 | 0 04 43 45 | 3 1 . 53 | 23 42 71 27 |

7ème passage tonique sol mode mineur — 8ème passage tonique ut — 9e passage tonique sol mode mineur — 10ème passage tonique ut mode majeur

#4 . . #4 | 65 43 32 17 | #4 . . #4 | 65 43 32 17 | 5 0 4 20 |
3 . . 3 | 3 21 54 32 | 3 . . 3 | 3 21 54 32 | 3 0 2 40 |

3 10 2 70 | 5 30 4 20 | 3 10 2 70 | 5 . 65 454 | 343 232 121 717 |
1 30 7 20 | 5 50 2 40 | 1 30 7 20 | 3 . 43 232 | 121 717 676 565 |

6 71 23 45 | 6 7 1 6 | 5 . . 31 | 4 . . 27 | 5 4 3 2 | 5 4 3 2 |
4 56 71 23 | 4 5 6 4 | 3 . . 1 | 2 . . 7 | 3 2 1 7 | 3 2 1 7 |

5 . . .	6 . . .	5 . . .	5 . . .	1
3 . . .	4 . . .	3 2 1 .	7 . . .	1

Observation sur l'air précédent.

Analyse du morceau précédent.

La première partie du morceau précédent contient plusieurs changements de tonalité ; nous la diviserons, pour en faire l'analyse, en autant de passages qu'il y a de changements de tonalité.

Le premier passage, qui comprend 13 mesures, a pour tonique ut mode majeur, et contient le 1 accidentel (vérifier.)
Le 2ème passage, qui comprend 3 mesures, a pour tonique sol mode majeur. (vérifier.)
Le 3ème passage qui comprend 28 mesures, a pour tonique ut mode majeur, et contient le 4 le 1 et le 6 accidentels (vérifier.)
Le 4ème passage qui comprend 4 mesures, a pour tonique ré mode majeur (vérifier.)
Le 5ème passage, qui comprend 16 mesures, a pour tonique ut mode majeur, et contient le 4 le 1 et le 6 accidentels. (vérifier.)

Résumé de l'analyse ci-dessus.

Voici l'ordre dans lequel se succèdent les modulations dans la 1ère partie.

1° ut majeur 13 mesures 1 accidentel ;
2° sol majeur 3 mesures ;
3° ut majeur 28 mesures 4 1 6 accidentels ;
4° ré mode mineur 4 mesures ;
5° ut majeur 16 mesures, 4 1 6 accidentels ;

On voit, par l'analyse ci-dessus, que la 1ère partie du morceau Meyerbeer ne contient que des modulations ordinaires. Elle est remarquable seulement par un assez grand nombre de dièses accidentels.

La 2ème partie contient aussi plusieurs changements de tonalité ; nous la diviserons aussi, pour en faire l'analyse, en autant de passages qu'il y a de changements de tonalité.

Dans le 1er passage qui comprend 9 mesures, la tonalité est ... Elle peut être sur le la en mode mineur ou sur l'ut en mode majeur, selon la suite de ce passage (Vérifiez sur l'exemple ci-dessous).

Dernière mesure du 1er passage de la 2ème partie ; Même phrase

	tonique ut mode majeur			tonique la mode mineur	
Exemple :	43 23 43 23	1 . . . ‖		43 23 43 23	6 . . . ‖
	21 71 21 71	1 . . . ‖		21 71 21 71	6 . . . ‖

Le 2ème passage qui comprend 2 mesures a pour tonique la mode mineur ; cela devient évident si l'on termine ce 2ème passage par 1 au lieu de le terminer par 1.

Exemple :	43 23 43 23	5 . . .	. . . .	6 0 0 0 ‖	c'est donc le 4 qui employé
	21 71 21 71	2 . . .	. . . .	1 0 0 0 ‖	au lieu de 4 fait passer la tonalité sur 4

Le 3ème passage qui comprend 9 mesures, a pour tonique ré mode mineur et contient 2 accidentels (Vérifiez)
Le 4ème passage qui comprend 5 mesures a pour tonique ut mode majeur et contient le 4 accidentel (Vérifiez)
Le 5ème passage qui comprend 1 mesure, a pour tonique sol mode mineur (Vérifiez)

Cela devient évident si l'on termine ce 5ème passage par 2 au lieu de le terminer par 3.

Exemple :	1 . . 0	4 . . .	3 . . 0 ‖	C'est donc le 3 qui employé au lieu du 2,
	1 . . 0	4 . . .	2 . . 0 ‖	fait passer la tonalité sur lui.

Le 6ème passage, qui comprend 18 mesures a pour tonique ut mode majeur (Vérifiez)

Le 7ème passage qui comprend 1 mesure, a pour tonique sol mode mineur (vérifiez.)
Le 8ème passage qui comprend 1 mesure a pour tonique ut mode majeur. (vérifiez.)
Le 9ème passage qui comprend 1 mesure, a pour tonique sol mode mineur. (vérifiez.)
Le 10ème et dernier passage, qui comprend 18 mesures, a pour tonique ut mode majeur. (vérifiez.)

(Résumé de l'analyse ci-dessus.)

Voici l'ordre dans lequel se succèdent les modulations dans la 2ème partie.

1°.	tonalité indécise ut majeur ou la mineur	9 mesures
2°.	la mineur	2 mesures
3°.	ré mineur	2 mesures 2 et 5 accidentels
4°.	ut majeur	5 mesures 4 accidentel.
5°.	sol mineur	1 mesure.
6°.	ut majeur	18 mesures.
7°.	sol mineur	1 mesure.
8°.	ut majeur	1 mesure.
9°.	sol mineur	1 mesure.
10°.	ut majeur	18 mesures.

On voit, par l'analyse ci-dessus, que la 2ème partie du morceau de Meyerbeer est remarquable :
1°. Par les modulations peu ordinaires qu'elle contient ;
2°. Par le peu de durée de quelques unes d'entr'elles ! 1 ou 2 mesures (vérifiez.)

On peut voir encore, en le chantant, qu'elle est fort remarquable aussi par la manière brusque dont on y passe d'un ton à un autre ton, sans choquer l'oreille.

Les œuvres de Meyerbeer se distinguent en général par les trois qualités que nous venons de reconnaître dans le morceau précédent ; mais l'imitation en est dangereuse pour ceux qui ne possèdent pas son immense talent.

Quelles sont les conditions indispensables d'un bon accompagnement ?

1° Il faut que la tonalité se porte dans l'accompagnement sur les mêmes notes que dans la mélodie principale.

Reicha dit à ce sujet : « L'harmonie prend ses accords dans une autre « gamme que celle que la mélodie fait sentir (ce qui est fort possible « il arrive même fréquemment à beaucoup de compositeurs). On ... « la mélodie d'une manière fort désagréable et on détruit le ... « on entend moduler l'harmonie, tandis que la mélodie reste dans le même « ton, ce qui contrarie l'un et l'autre. L'harmonie nuit encore par « là aux cadences mélodiques qui ne peuvent plus être senties. »

(Reicha traité de mélodie page 103.)

idem page 119) « La mélodie, soit qu'elle module soit qu'elle ne module « pas, fait toujours sentir ses phrases dans une gamme suffisamment « déterminée, et qui est facile à reconnaître. Si elle marche d'un « ton à l'autre, l'harmonie doit nécessairement le faire de ... « et de la manière la plus évidente et la plus satisfaisante. Arrivé « dans la gamme nouvelle, le compositeur y trouve les mêmes ... « d'accords que dans la gamme primitive ; il les garde aussi longtemps « que la mélodie reste dans ce ton ; de la sorte il suivra strictement « la mélodie de gamme en gammes. »

2° Il faut que les cadences et les ½ cadences se fassent dans l'accompagnement aux mêmes endroits que dans la mélodie principale.

Reicha dit à ce sujet : « Les cadences harmoniques doivent se ... « de concert avec les cadences mélodiques, c'est à dire que, lorsque « la mélodie fait une demi cadence l'harmonie doit la faire en « même temps ; et que lorsque la mélodie fait une cadence parfaite « l'harmonie doit la faire de même. »

« Les cadences harmoniques mal placées détruisent les cadences « mélodiques et par conséquent le rhythme de la mélodie ; de ... « point qu'une mélodie, quoique parfaitement bien pensée « considérée sans l'harmonie, produit alors sur nous l'effet ... « mélodie mal phrasée. »

« C'est un des points les plus importants que de bien connaître et « de bien observer les rapports des cadences harmoniques avec celles « de la mélodie, sans quoi les repos mélodiques et les rhythmes sont « [illegible] [illegible] [illegible], ainsi que l'intérêt de la mélodie. »

(Reicha traité de mélodie page 103)

3° Il faut que le chant de l'accompagnement produise à peu près la même impression que celle de la mélodie principale.

Reicha dit à ce sujet: « L'harmonie doit avoir le caractère « de la mélodie qu'elle accompagne, c'est-à-dire, produire à peu « près les mêmes impressions que la mélodie nous inspire, et ne la « point contrarier par un caractère particulier, sans quoi l'une « détruit l'autre et l'intérêt cesse parceque notre attention ne peut « se fixer à la fois sur deux choses différentes, ou au moins ne peut « les saisir qu'avec beaucoup de difficulté, ce qui finit par la lasser « souvent au point de la détruire. »

(Reicha traité de mélodie page 103.)

(Idem page 102.) « Lorsque la mélodie est douce et naturelle, « l'harmonie ne doit point être vive et recherchée; il faut qu'elle « soit comme la mélodie simple et naturelle. Les compositeurs « manquent de jugement, de tact, de goût et d'expérience « lorsqu'ils veulent briller partout comme des harmonistes « savants. Il faut atteindre au but avec les moyens les plus « simples. C'a été de tout temps le principe des grands talents. « Lorsque la mélodie produit un effet quelconque, il faut peu de « chose de la part de l'harmonie pour la seconder; et cependant « <u>ce peu de chose</u> paraît souvent difficile à trouver: on croit n'y « mettre pas assez de savoir et par cela même on en met trop; « c'est là le grand écueil. On oublie que tout perd de son « mérite à être déplacé, et que ce qui est franc simple et naturel, « fait autant de plaisir aux vrais connaisseurs qu'à ceux qui ne « le sont pas.

2.

(idem page 116) « On peut accompagner une même mélodie par différents « mouvements provenant des différentes durées des notes. Il faut que cette « variété de mouvement soit faite de manière à ne point altérer le « caractère primitif de la mélodie.

5°.(1) Il faut n'employer les accords de 3ème qualité qu'avec beaucoup de modération.

Reicha dit à ce sujet : « Pour une mélodie simple et légère il faut « beaucoup d'accords consonnans (accords ne contenant que des intervalles de 1re « et de 2ème qualité,) et fort peu d'accords dissonans (accords contenant des « intervalles de 3ème qualité.)

« Pour une mélodie triste et qui exprime la douleur, les accords « dissonans (3ème qualité) peuvent être employés ; mais, même là, il « n'en faut pas faire abus, parcequ'un trop long usage de ces accords « dans le même morceau, donne à l'harmonie une empreinte forcée, qui, « par conséquent, ne paraît ni franche ni naturelle (Reicha traité de mélodie page 109.)

4°. Il faut employer autant qu'il se peut les intervalles de 1re qualité surtout la 3ce

Reicha dit à ce sujet : « Le duo est le morceau d'ensemble qui « qui exige le plus de mélodie. Les phrases mélodiques, quand les « deux parties marchent ensemble, se chantent à la 3ce ou à la « 6te comme étant les deux intervalles les plus propres au duo. « (Reicha traité de mélodie page 60.)

Application des principes précédents.

Le résultat de tout ce que nous venons de dire, est que, pour faire facilement une 2de partie au dessous d'une mélodie donnée, on doit s'y prendre de la manière suivante :

1°. Il faut chanter deux fois avec attention la mélodie donnée.

La 1re fois, pour reconnaître et marquer avec soin les endroits où se font les cadences et les demi-cadences ;

La 2ème fois pour reconnaître et marquer avec soin [illegible] [illegible] la tonalité dans chacune des phrases qui composent la [illegible]

(1) [illegible]

2°. Il faut faire une ébauche d'accompagnement en écrivant des notes à intervalle de 3ces au dessous de la mélodie principale.

3°. Il faut chanter alternativement la 1ère phrase de la mélodie donnée et la 1ère phrase de l'ébauche d'accompagnement, et continuer de chanter ainsi alternativement chacune des phrases de la mélodie donnée, et la phrase de l'ébauche d'accompagnement qui se trouve au dessous d'elle.

Pour voir
- **A** Si la partie d'accompagnement ne contient pas de faute contre la tonalité, c'est-à-dire, si la tonalité s'y porte sur la même note que dans la mélodie principale
- **B** Si les cadences et les demi-cadences se font dans la partie d'accompagnement aux mêmes endroits que dans la mélodie principale.
- **C** Si le chant de la partie d'accompagnement est agréable, et s'il produit à peu près les mêmes impressions que celui de la mélodie principale.

4°. Si l'ébauche contient des fautes, il les faut corriger, à l'aide des 6tes, s'il se peut. Si l'on ne peut pas passer directement des 3ces aux 6tes il faut employer pour arriver aux 6tes ou pour revenir aux 3ces les intervalles de 2ème qualité, et n'employer les intervalles de 3ème qualité qu'à la dernière extrémité ; à moins que ce ne soit à dessein, et pour produire un effet particulier.

5°. Après avoir chanté et corrigé successivement toutes les phrases de l'ébauche, il faut examiner avec soin s'il n'y a pas une trop grande étendue entre la limite aiguë de la voix supérieure et la limite grave de la voix inférieure. L'étendue d'une limite à l'autre doit être, tout au plus d'une 12ème ou d'une 13ème ; à moins que l'on n'écrive pour des voix d'élite : dans ce dernier cas, même, il est bon que l'étendue d'une limite à l'autre ne dépasse pas une 15ème ou une 16ème au plus.

1er Essai d'accompagnement.

La gamme étant de tous les chants le plus simple que l'on puisse imaginer, et ayant de plus l'avantage de contenir toutes les notes dans un petit espace, c'est sur elle que nous ferons notre 1er essai d'accompagnement.

Nous placerons la gamme, comme mélodie principale, tantôt à la basse tantôt à l'aigu et nous l'accompagnerons d'abord à la 3ce et ensuite à la 6te afin que l'on puisse remarquer quel est, de ces deux intervalles, celui qui produit l'effet le plus agréable.

(No 1.)

			1				2				3				4	
gamme. Mélodie principale à l'aigu	1	2	3	4	5	6	7	i	7	6	5	4	3	2	1	.
Ebauche d'accompagnement à la 3ce	6	7	1	2	3	4	5	6	5	4	3	2	1	7	6	.
	3ce	3ce	3ce	3ce	3ce	3ce	3ce	3ce	3ce	3ce	3ce	3ce	3ce	3ce	3ce	

Observations.

1o Dans la mélodie principale la tonalité se porte sur l'ut (Vérifiez en chantant.)

2o Dans l'ébauche d'accompagnement la tonalité se porte sur le la (vérifiez en chantant.)

Donc : L'ébauche exige des corrections puisque la tonalité ne s'y porte pas sur les mêmes notes que dans la mélodie principale.

3o L'ébauche deviendra un bon accompagnement si l'on substitue à la sous-sensible (la) la tonique (ut,) à l'unisson de la mélodie principale dans la 1ère mesure et dans la dernière; car alors la tonalité se portera, dans l'accompagnement, sur la même note que dans la mélodie principale, c'est-à-dire sur l'ut. (vérifiez en chantant l'accompagnement corrigé ci-dessous.)

(No 1 bis.)

gamme, Mélodie principale	1	2	3	4	5	6	7	i	7	6	5	4	3	2	1	.
accompagnement corrigé	1	7	1	2	3	4	5	6	5	4	3	2	1	7	1	.
	unisson	3ce	3ce	3ce	3ce	3ce	3ce	3ce	3ce	3ce	3ce	3ce	3ce	3ce	unisson	

Remarques importantes sur les faits que nous venons d'observer.

1o Lorsque, dans la 1ère mesure et dans la dernière, nous accom=pagnons la tonique (ut) par la sous-sensible (la), tonique du mineur relatif, l'accompagnement fait un effet détestable, parce que la tonalité se porte, dans les deux parties, sur des notes différentes. (Vérifiez en chantant le N.° 1 ci dessus.)

2.° L'emploi de la sous-sensible au dessous de la tonique, n'a pas le même inconvénient dans la 3.ème mesure de l'accompagnement corrigé; parceque, lorsqu'on l'emploie, la tonalité nécessaire, c'est-à-dire celle de la mélodie que l'on accompagne, est déjà bien déterminée dans l'accompagnement (Vérifiez en chantant l'accompagnement corrigé ci-dessus.)

Des remarques que nous venons de faire naît la règle suivante, Sur l'emploie de la sous-sensible, au dessous de la tonique, dans l'harmonie à deux parties.

__Règle__: L'on ne doit, dans l'harmonie à deux parties, accompagner la tonique par la sous-sensible (et réciproquement) que lorsque la tonalité nécessaire, c'est-à-dire, celle de la mélodie que l'on accompagne est déjà bien déterminée dans l'accompagnement.

Cette règle s'applique à toute note qui, dans le cours du chant, prend la propriété de tonique, et au mode mineur comme du mode majeur

3.° Dans les deux 1.res et dans les deux dernières mesures du N.° 1 bis, dont l'accompagnement produit un fort bon effet (Vérifiez en chantant.) la tonique, la médiante, et la dominante, qui appartiennent à l'accord de 5.te de tonique sont accompagnées par des notes de l'accord de 5.te de tonique. (Vérifiez.)

De l'observation qui précède naît la règle suivante qui est d'une grande importantance:

Règle: Pour déterminer dans l'accompagnement la même tonalité que dans la mélodie principale, il faut accompagner les notes de la mélodie principale qui appartiennent à l'accord de 5.te de tonique, par des notes appartenant aussi à l'accord de 5.te de tonique. Cette règle est de rigueur pour la 1.re note et pour la dernière d'un morceau d'harmonie.

4.° D'après la règle précédente, nous avions à choisir, pour corriger notre ébauche entre l'unisson (ut) la 3.te (mi) et la 4.te (sol) nous avons choisi l'unisson.

www.ingramcontent.com/pod-product-compliance
Ingram Content Group UK Ltd.
Pitfield, Milton Keynes, MK11 3LW, UK
UKHW020947180726
13838UKWH00003B/1185